春秋可以这么读

桓文霸春秋

韩佐昌 著

花城出版社
中国·广州

图书在版编目（CIP）数据

春秋可以这么读：桓文霸春秋 / 韩佐昌著. —— 广州：花城出版社，2024.8. —— ISBN 978-7-5749-0292-3

Ⅰ. K225.09

中国国家版本馆CIP数据核字第20248P6N81号

出 版 人：张　懿
策划编辑：陈宾杰
责任编辑：王铮锴　邱奇豪
责任校对：汤　迪
技术编辑：凌春梅
封面设计：回叶长视觉传达
插　　画：乌鸦先生

书　　名	春秋可以这么读：桓文霸春秋 CHUNQIU KEYI ZHEME DU : HUAN WEN BA CHUNQIU
出版发行	花城出版社 （广州市环市东路水荫路11号）
经　　销	全国新华书店
印　　刷	佛山市浩文彩色印刷有限公司 （广东省佛山市南海区狮山科技工业园A区）
开　　本	880毫米×1230毫米　32开
印　　张	11.75　1插页
字　　数	220,000字
版　　次	2024年8月第1版　2024年8月第1次印刷
定　　价	49.80元

如发现印装质量问题，请直接与印刷厂联系调换。
购书热线：020-37604658　37602954
花城出版社网站：http://www.fcph.com.cn

目 录

第一章　管仲相齐 / 001

1. 乾时之战 / 002
2. "中国合伙人" / 007
3. 鲍叔举贤 / 011
4. 管仲相齐 / 015

第二章　齐鲁之争 / 023

1. 曹刿自荐 / 024
2. 长勺之战 / 028
3. 乘丘之役 / 031
4. "谭""郯"一锅粥 / 037

第三章　齐始霸也 / 041

1. 宋国躺枪 / 042
2. 齐鲁必争汶阳田 / 046
3. 曹子劫桓 / 050
4. 齐始霸也 / 056
5. 人之生也，必以其欢 / 061
6. 管仲三策 / 065

第四章　此时的周天子 / 071

1. 五大夫之乱 / 072
2. 郑国看好这笔风投 / 076
3. 周惠王复辟成功 / 079
4. 齐桓公被晾了好几年 / 082
5. 周天子终于认证了 / 085

第五章　伐戎救燕 / 091

1. 戎人是匈奴的祖先 / 092
2. 赠人玫瑰，手留余香 / 097
3. 华夏文明的捍卫者 / 099

第六章　庆父不死，鲁难未已 / 101

1. 齐姜美女圈 / 102
2. 鲁庄公的继承人 / 106
3. 庆父不死，鲁难未已 / 110
4. 重复作案 / 115

第七章　存邢救卫 / 119

1. 邢国被狄人摩擦了 / 120
2. 好鹤亡国 / 123
3. 迁都于曹 / 128
4. 许穆夫人挂帅 / 133
5. 齐桓公出手了 / 137
6. 邢国的悲哀 / 142

第八章　楚地千里 / 147

　　1. 野蛮生长 / 148

　　2. 深挖彭仲爽 / 153

　　3. 空城计 / 158

　　4. 归政成王 / 166

　　5. 毁家纾难 / 169

第九章　南下逼楚 / 175

　　1. 楚国有矿 / 176

　　2. 挺进中原 / 179

　　3. 阳谷之会 / 183

　　4. 齐桓公的糟心事 / 186

　　5. 风马牛不相及 / 189

　　6. 楚国的牙长齐了 / 194

　　7. 召陵之盟 / 198

第十章　此时的晋国 / 203

　　1. 闷声发大财 / 204

　　2. 晋无公族 / 209

　　3. 假虞灭虢 / 212

　　4. 野鸡做着凤凰梦 / 218

　　5. 一场枕边风 / 222

　　6. 晋献公才是总导演 / 226

　　7. 重耳奔翟 / 232

第十一章　英雄迟暮 / 239

1. 首止会盟 / 240

2. 洮地会盟 / 244

3. 夏季的葵丘之会 / 248

4. 秋季的葵丘之盟 / 252

5. 又给周襄王添堵了 / 260

6. 齐桓三宠 / 265

7. 结局很惨 / 269

第十二章　流浪人生 / 277

1. 秦晋之好 / 278

2. 韩原之战 / 284

3. 天祭 / 288

4. 人在囧途 / 291

5. 志在四方 / 295

6. 泓水之战 / 300

7. 机会来了 / 305

第十三章　重耳归晋 / 313

1. 盖云归哉 / 314

2. 翻身农奴把歌唱 / 320

3. 兄弟阋墙 / 327

4. 晋文公请隧 / 332

第十四章　城濮会战 / 337

　　1. 四雄并起 / 338

　　2. 晋立三军 / 342

　　3. 伐曹侵卫 / 346

　　4. 连环计 / 350

　　5. 退避三舍 / 354

　　6. 城濮会战 / 358

　　7. 践土会盟 / 362

第一章

管仲相齐

1.乾时之战

"一张地毯足够两个苏菲派信徒栖身,而这个世界却小得容不下两个国王。"这是奥斯曼帝国第九位苏丹赛利姆一世说的一句传世名言。曾经横跨亚非欧、国祚六百多年的奥斯曼帝国,在一哥的继承人确立之后,其他的皇子以及叔侄,无论男女老幼,按照制度必须处死。

王位之争,血腥残杀,屡见不鲜,但是以制度保障,合法

公子小白和公子纠哥俩相互惦记

铲除所有同胞兄妹，奥斯曼帝国可谓空前绝后。

而在二千多年以前的中国春秋时期，这种事属于潜规则，只能做，不能说。

公元前685年，齐公子小白侥幸坐上了齐国一哥的大位，是为齐桓公。此时的公子小白和公子纠哥俩之间，念念不忘，但并非思亲心切，而是怀着一颗盼死对方的心，相互惦记。

这次是公子纠亲自上门找公子小白碰瓷，而且他身后还站着一位大哥：身兼文姜之子、公子纠和公子小白的外甥、鲁国一哥鲁庄公姬同。

此时的鲁庄公二十岁出头，血气方刚。齐国曾经给鲁国戴了一顶"绿帽子"（即鲁桓公发现自己的夫人文姜与齐襄公通奸，后被齐国公子彭生杀害），并且，鲁国一边头戴"绿帽子"，一边身穿孝服安葬鲁桓公。鲁庄公还帮着杀父仇人齐襄公吹吹打打娶回了新娘周王姬。

虽然这顶"绿帽子"被鲁庄公的老爸鲁桓公戴去了极乐世界，但鲁庄公的青春期就是在这顶"绿帽子"下度过的。齐襄公在世，恶人当道，又是老妈文姜的情人，鲁庄公只能忍气吞声了整整八年。当下齐襄公和公孙无知都相继做了刀下鬼，自己手里又有公子纠这笔赌注，于是这年（前685年）秋天，带着公子纠兴兵伐齐，出一出心头恶气。

史称乾时之战。

乾时之战，发生在齐国的家门口，今天的山东桓台，东临齐都。桓台县因齐桓公而得名，古济水的支流时水曾经流经此地，并且时水是一条季节性河流，冬枯夏流。"乾时之战"也被称为"干时之战"，所以，此处的"乾时"可以理解为时水正值干枯断流之际，史书记载，乾时之战，战在秋季，这时候的时水应该也属于枯水季节。

鲁庄公领着公子纠，叫板到了齐国鼻子底下，纯属炫耀。

这时候的公子小白，已经顺利上位，政统人和，有着高氏家族和国氏家族的鼎力支持，特别助理鲍叔牙的辅佐，注定了鲁庄公的吃相一定很难看。

鲁国乃周公之后，讲求以礼治国，培养了一群礼兵仁将；齐国乃姜子牙之后，治国讲究简礼易俗，治兵讲求高效实用，豢养的不是虎狼之师，也是野战之师。

西方兵圣克劳塞维茨在《战争论》中认为：战争就是扩大了的搏斗，战争就是无限度地使用暴力。可是，周礼指导下的春秋战争，旨在最大限度地控制暴力，在仁义礼让的规则下赛出输赢。鲁国带头示范执行，齐国没有这个义务，凡事打个折扣，所以这两家一旦交手，那就相当于芭蕾舞演员和跳广场舞的大妈掐架。

当鲁国的芭蕾舞团和齐国的广场舞大妈在战场相遇，结果可想而知，鲁军一败涂地，鲁庄公丢车弃甲，亲兵随从凭借旗帜和战车，佯装鲁庄公，这位鲁国一哥才得以金蝉脱壳，侥幸逃脱。

鲁庄公的战车就是鲁军的指挥中心，指挥官开溜了，鲁军自然乱如鸟兽，齐军顷刻间犹如进了西瓜地，想吃哪个切哪个。等到鲁庄公逃回鲁国时，发现自己已经成了光杆司令，鲁国主力部队被齐军堵在了半道。

更要命的是，齐桓公没有和鲁军主力纠缠，而是穷追鲁庄公，兵临城下。

鲁庄公慌了神，这吃相比老爸鲁桓公戴"绿帽子"更加难看。鲁国自立国以来，还从来没有被人堵在家门口欺负过，再这样下去，恐怕要被齐桓公肆意鱼肉，后果不堪设想。

于是鲁庄公只能认怂，好歹齐桓公也算是鲁庄公的亲舅，文姜和齐桓公是同父异母的亲兄妹，即使放在现在验一下DNA，那也是血亲关系。

齐国发话了：鲁国是礼仪之邦，齐国也是仁义之师，逐奔不过百步，纵绥不过三舍，齐国将严格遵守游戏规则，鲁国的主力部队我们可以放生，鲁国的国都我们也可以不破城而入，鲁国的国君也可以不用向齐国老大献舞认错。

但是，冤有头，债有主，齐鲁交战，劳民伤财，生灵涂炭，全因齐公子纠引起。因此，齐公子纠罪当处死，我家君主仁义，不忍心诛杀手足，处死齐公子纠一事，还是由鲁国代劳吧。

另外，帮凶管仲，企图刺杀我家君主，虽然杀人未遂，但是性质恶劣，手段龌龊，齐国人民要求将管仲引渡回国公审，剁成肉酱，方可解恨。

鲁国全盘接受，好歹面子保住了。鲁国混的就是个面子，不然以后谁还会来鲁国学习礼乐文化。

齐公子纠虽然是鲁庄公血缘关系上的二舅，也是鲁国看好的一笔国家"风险投资项目"，但估计"上市"机会渺茫，现在捏在手里就是一个易燃易爆危险品，只能处理了。

于是，公子纠被自己的"投资人"杀了。估计公子纠临死之际，终于明白了：活着才是硬道理。

管仲早就明白了这个道理，齐桓公兵临城下之际，管仲就建议鲁庄公把自己打入囚车，作为谈判见面礼，送给齐国，让齐桓公消消气。鲁国没想到，齐国主动点名抓管仲，而且还要抓活的。

鲁国更没想到的是，管仲坐着囚车到了齐国，不但没被剁成肉酱，而且活得更加逍遥自在，简直如鱼得水，管仲被齐桓公捧为上宾，封为宰相。

2."中国合伙人"

管仲之所以活着,完全因为他有一位"中国合伙人"——鲍叔牙,历史成语称之为管鲍之交。

鲍叔牙,管仲的发小,二人同为颍上人,即今天的安徽颍上县。鲍叔牙父亲是齐国大夫鲍敬叔,因其封邑在鲍地,故以鲍叔相称,成为鲍姓始祖,鲍地位于现在的济南历城区鲍山公园一带,鲍山脚下有鲍叔牙之墓。从鲍叔牙名字判断,古代同胞兄弟大小以伯、仲、叔、季排行,鲍叔牙应该排行老三。这位鲍老三和管仲基本同龄,都是大约周平王末年出生,鲍老三家既然有封邑,自然是大富大贵人家。关于管仲出身,向来有两个说法:一说是周成王时期三监之乱的主犯之一——管叔鲜的后裔,所以管仲是姬姓管氏,管叔鲜被诛,管氏族人家道中落,流亡列国,只留下一个地名——郑州市管城区,纪念管姓家族的列祖列宗;另一说法出自宋人郑樵所著的《通志》,管仲乃周穆王后裔。两种说法都指向管仲属于没落贵族,并非贫寒子弟。管仲,字仲名夷吾,有名有姓有字号,那绝对是出门闯世界的社会上层子弟。

鲍叔牙属于富贵人家,管仲是没落贵族,所以青年时期,这一对发小，是鲍老三带着管仲闯世界，鲍叔牙是老大，管仲是小弟。

这两位有志青年一起创业做生意，一起从军打仗，用当下时髦话调侃：一起同过窗，一起下过乡，一起扛过枪。管仲功成名就之后曾经自嘲：做生意分红，管仲多吃多占；从军打仗，管仲临阵脱逃。

"夷吾之所死者，社稷破，宗庙灭，祭祀绝，则夷吾死之；非此三者，则夷吾生。"管仲认为如果不为国家破、宗庙灭、祭祀绝这三件事而死，那么就不如赖活着。总之，管仲信奉一句话：活着才是硬道理。

哥俩最后醒悟，无论下海创业，还是当兵打仗，两个人都不是这块料，要想实现抱负，只能投身政治了。

此时，管仲、鲍叔牙已经三十而立。

这时候，齐国政坛上是齐襄公当政，这位老大是一个既不能同患难，也不能共享福的独裁者，极端自私自利，为了自己让朋友两肋插刀，公子彭生就是个典型案例。他残杀手足，耽淫胞妹，心胸狭隘，睚眦必报，连自己的两个同父异母兄弟公子纠和公子小白都战战兢兢地跑到国外去政治避难，所以与齐襄公共事，无异于与虎谋皮。于是，管仲和鲍叔牙把赌注押在公子纠和公子小白身上，但是公子纠和公子小白又不是一伙的，这哥俩儿属于竞争关系，用句时髦话，就是零和博弈，而且这两个人的成功率不相上下。好比两笔风险投资，都有可能上市，只要上市就一本万利，最稳妥的选择就是大小通吃，全部买入。于是，管仲和鲍叔牙分头行事，管仲投身公子纠，鲍叔牙跟随公子小白。

虽然各谋其政、各为其主，但是哥俩儿还是合伙做生意，风险共担、利润共享，这才是真正的"中国合伙人"。

如果公子纠上位，管仲得手，管仲将救回鲍叔牙，引荐给公子纠，重新结伙组队；如果公子小白成功继位，管仲被囚，鲍叔牙负责赎人，欢迎管仲归队。

对于管仲和鲍叔牙"中国合伙人"的身份，虽然史书没有明目张胆背书，但在字里行间的隐约之处给出提示，证人就是公子纠的另一个铁杆粉丝，此人史称召忽。之所以说召忽是公子纠的铁杆粉丝，是因为他用自己的性命捍卫了自己对公子纠的忠诚。

事情从头说。

乾时之战，齐桓公击败了鲁庄公，鲁国也被迫杀了公子纠，齐国还是不依不饶地索要管仲，声称要报一箭之仇。消息传来，身为同僚的管仲和召忽反应截然不同：召忽一不做二不休，毅然自尽；管仲好像心领神会，向鲁庄公自请囚禁，前往齐国受死，帮鲁国消灾。

管仲真要知道自己前往齐国将被剁成肉酱，那绝对会赶在召忽之前自裁，要论谁该死，那肯定是管仲，管仲是劫杀齐桓公未遂的主犯。

说到这里，谁都能看明白，管仲心中有数，自己死不了，因为他有一个"中国合伙人"，就是鲍叔牙。

这其中有个小插曲，管仲差点小命不保，施姓始祖也随机走入了春秋历史。施伯，鲁国大夫，他的老爸是施父尾，鲁惠公（就是截胡鲁隐公未婚妻的那位先君）之子。《左传》记载，鲁桓公九年，施父尾曾根据乐理和曹国太子的叹息之声，断定曹国有忧，果然第二年曹桓公就挂了。这位施伯也有一点老爸的遗传，嗅出了管仲和鲍叔牙之间"中国合伙人"的关系，于是谏言鲁庄公杀掉管仲，可惜鲁庄公年少城府浅，宁信其无，不信其有，管仲总算躲过一劫，大难不死。

对于召忽之死、管仲不死的这段历史，孔子十大门徒之一的子路就曾向孔老师发问，这位孔老师以发言人的水准，顾左右而言他，大赞道："桓公九合诸侯不以兵车，管仲之力也。"儒家弟子非常推崇孔老师的这种高明之处，于是将这段学生提问、老师答题的实录，收入《论语·宪问》。

关于召忽，中国民间以特有的方式给予纪念。如今山东省安丘市存有东、西召忽村，两千七百年以来世世代代守护着这位曾被管仲忽悠、自杀成仁的召忽之墓。人去千古，划地留名，算是历史对一个人最好的追忆。

3.鲍叔举贤

齐桓公小白虽然容不下自己哥哥公子纠的一条小命,但对待管仲却相当大度,《管子》记载齐桓公礼遇管夷吾用了四个字:"三衅三浴"。

三衅三浴是古人觐见的最高礼仪,基本动作可以理解为:沐浴香熏,反复三次。周天子拜谒泰山和祭祀先祖神灵时才施行三衅三浴之礼,这时候周天子是东家。管仲以三衅三浴之礼觐见齐桓公,表面上是捧齐桓公,实际上捧的是管仲。齐桓公是东家,管仲施礼的待遇是东家给的,实际上是东家捧管仲。总之,宾客互敬,相互提鞋赛跑。

话说回来,管仲被押在囚车之中,一连多天,吃喝拉撒都在囚车内,不去沐浴更衣,确实也没法去见齐桓公。

这些全是管仲的合伙人鲍叔牙导演的。

对于管仲,鲍叔牙不但从囚车中捞人,而且还负责捧人,摇身一变成了管夷吾的经纪人。在齐桓公面前,鲍叔牙极力吹捧管仲:

宽惠爱民,臣不如也;治国不失秉,臣不如也;忠信可

> 结于诸侯，臣不如也；制礼义可法于四方，臣不如也；介胄执枹，立于军门，使百姓皆加勇，臣不如也。夫管仲，民之父母也，将欲治其子，不可弃其父母。

说白了，管仲爱民如子，在治国理政、教化民风、外交和强军立国等为人民服务的各个领域都远远胜过鄙人鲍叔牙。

此人只应天上有，人间能得几回闻。

最后鲍老三再狠狠地补上一枪：管仲乃天下之才，一旦被鲁国所用，那么我们齐国可能将会沦为鲁国的附庸，所以，恳请管仲代替鄙人的宰相之职。

齐桓公信了，要想窝里霸，鲍老三足矣；要想霸天下，非管夷吾不可。

齐桓公是顶级牛人，能够对鲍叔牙言听计从，待仇人为上宾，一方面是齐桓公求贤若渴，心大胸大；另一方面主要是鲍叔牙同志的魅力过人，鲍老三说什么齐桓公信什么，要知道齐桓公晚年，管仲即将撒手人寰，临终遗言齐桓公：易牙、开方、竖刁三人为奸佞小人，可杀不可用。最后，这些还是被齐桓公当作了耳旁风。可见齐桓公宁信鲍叔牙，不见得信管夷吾，因为鲍叔牙是贤人，管仲是能人，亲贤人，用能人。

此处用一句管仲语录，更能深刻说明"钓名之人，无贤士焉"。

管仲见贤思齐，鲍叔牙见贤让贤。

鲍叔牙一生的成功之处在于说话有人信；孔子一生最大的悲哀就是活着的时候说的话没有几个人信，死了之后全都信。

管仲是聪明绝世之人，现在齐桓公姜小白即将是自己的老板，从辅佐公子纠转向姜小白，相当于今天的球星转会，而且新东家给出的转会费史上绝无仅有——齐桓公动用了国家机器，忽悠了鲁庄公，搭上了老东家公子纠和仁者召忽的命，又添上了鲍叔牙的宰相之位，管仲要不当面递上一份投名状，不仅辜负齐桓公和鲍叔牙，连齐国的一只鸟都对不住。

此时的管夷吾，踌躇满志，但两手空空，能拿出手作为投名状的，就是项上人头和满腹经纶。

于是，在公元前685年秋季的某个清晨，发生了一场影响深远的春秋情景剧。

导演：鲍叔牙。地点：今天的山东淄博市临淄区，齐都之郊。

主人公齐桓公率领鲍叔牙、高子、国子等重臣群僚，高接远迎杀人未遂犯管夷吾。

高子、国子分别是帮助齐桓公上位的齐国贵族高氏家族和国氏家族的掌门人，这两大家族也是因为这笔政治投资才赚得盆满钵满，和齐国国姓姜氏家族并列为春秋齐国三大家族，势力远远超过管氏后裔和鲍氏后裔，并且延续二百多年，直到田氏代齐，田成子才彻底改变了姜、高、国三大家族的垄断地位。

　　此时的主角管夷吾摧眉折腰，《管子》用了一个成语：诎缨插衽。虽然晦涩难懂，但大概意思总算明白，意指身着囚服、罪人装扮。还有一个重头戏：管仲身后站着两个彪形大汉，分别高举两把大板斧，千万别想多，这两位大汉可不是管仲请来的保镖，而是管仲请求即将对自己行刑的刽子手。

　　这场景纯属表演，观众就是齐国群臣，管仲这是要拿自己的项上人头向齐桓公谢罪。接下来的剧情发展，观众就是用鼻子思考也能想象得出：齐桓公对刀斧手三斥三退，管夷吾对刀斧手三退三请。

　　管仲作为投名状的第一份礼物——项上人头，齐桓公笑纳了。当然诚意接受，人头且留。管仲感激涕零，高声回应：杀之黄泉，死且不朽。

4.管仲相齐

接下来管仲献上了第二份礼物：满腹经纶，治国安邦平天下。地点：齐国庙堂。

时间有限，众目睽睽，基本上相当于古代科举制度的状元殿试，管仲除了发表治国安邦平天下的主旨演讲，还有现场问答。

流传千古的治国恒言"仓廪实而知礼节，衣食足而知荣辱"就这样横空出世，用"一句顶一万句"来形容这句管仲语录也不为过。两千多年以来，这句恒言成为所有帝王将相的职业格言，这里没有几乎，而是必须。

可想而知，这句历经千年沧桑永不褪色的管仲语录，发声在小小的齐国庙堂，令齐国群臣只能高山仰止。

所以这场大考也就成了管仲的就职演讲，其中不乏众多管仲语录："国多财，则远者来；地辟举，则民留处。"齐国称霸，人是硬通货，人口就是GDP。在《管子》一书中，把管理民众称之为"牧民"，这里的"牧"字作为动词使用，老大齐桓公就是牧场上策马扬鞭的牧人阿哥，人民群众就是牧人阿哥家中的牛马羊群。牧人富不富，要凭牛羊数；齐国富不富，全靠人头数。人往哪里走,就看钱招手。齐国富裕了,他乡之民自然前来投奔,所以管仲提出六字真言:国多财,远者来。人来了,咋办?既来之,则安之,开荒种地,安家生子,是为"地辟举,则民留处"。

齐桓公姜小白出身于豪门,成长于忧患,也算阅人无数,单凭几句巧言令色,也只能嘴悦心不悦:国富民众,谈何容易?

"天下不患无臣,患无君以使之。天下不患无财,患无人以分之。"

又是一句管仲语录:老大,不患无财,关键看谁治理;不怕没人才,就怕您不用。

管仲这是在给自己搭梯子,而且这梯子搭在了齐桓公的肩膀上。齐桓公继续出题:国强民富,何处下手?

"治国之道,必先富民。""粟者,王之本事也,人主之大务,有人之涂,治国之道也。""不务天时,则财不生;不务地利,则仓廪不盈。"

总而言之一句话:开荒种地繁衍后代。

这也太容易了,齐桓公都想带头当农民:这样就可以了吗?

当然不行,这么容易我管仲岂不多余?!

尧舜以德服人,周王以礼服人,秦人胜之以武,齐国胜之以财。仓廪实只是物质文明建设，还有精神文明建设，齐国要想走向核心舞台，掌握话事权，占据道德制高点，必须推行齐国四维价值观：礼、义、廉、耻。四维不张，国乃灭亡，"礼不逾节，义不自进，廉不蔽恶，耻不从枉"。

成语礼义廉耻就这么产生了。二千多年之后，当美国在全球推行其"漂亮"价值观时，华人也将老祖宗的价值观带到了美国，在波士顿的唐人街上竖起了一座礼义廉耻牌坊。

兄弟，洪荒大道理谁都懂，能不能具体一点？

此时，管夷吾已经占有先手，因为考生牵着考官走。

老大，您作为齐国国君，是否清楚知道齐国有多少人丁？

美国波士顿的唐人街有一座"礼义廉耻"牌坊

管仲要问齐桓公有多少后宫佳丽，他可能会脱口而出；再问身边的群臣数量，也可能盘算一番，数个大概；但要问齐国多少人丁，此时齐桓公的标准答案只能是：老子还没数过。

老大，小人不才，帮您数。

齐国虽然地大物博，但总体分为两个部分：国与鄙。这里的国指城市，可以理解为国君统治区；鄙指的是乡下远郊，自古以来就有"皇权不下乡"的说法，所以乡下远郊是各个诸侯统治的痛点，简称边区，边区与国统区最大的区别就是边区人民没有资格当兵打仗。

国鄙分治：国分三，鄙分五。

国君统治区是齐国的核心，按照士农工商四个阶层区别管理，划分为二十一个乡：士农阶层是诸侯立国的中坚力量，也是主要的军事力量，划分为十五个乡；工商阶层是指工匠和商人，也就是今天的蓝领和白领阶层，周朝素有"士大夫不杂于工商"明文规定，但工商阶层对于一个国家不可或缺，否则士大夫们连个夜壶都用不上（当然春秋时期，夜壶绝对是上流社会的奢侈品），所以工商阶层单独划分，各设三个乡。

士农工商阶层划分，始于管仲。

关于乡的建制：五家为一轨，轨设轨长；十轨为一里，里设里司；四里为一连，连设连长；十连为一乡，乡设良人。以此计算，一乡两千户人家。

国君统治区二十一乡，分成三块，国君齐桓公率领三个工人之乡、三个商人之乡和五个士农之乡共计十一乡，国氏和高氏家族的掌门人国子和高子分别率领五个士农之乡，这就是所谓的国分三。

国氏和高氏家族的掌门人被史籍记载为国子和高子，这是后世给予的尊称，敢和周天子叫板的楚武王，《春秋》也只是给了一个楚子的头衔，这是因为国子和高子的领导是齐桓公——春秋第一霸，一人得道，鸡犬升天。

鄙分五，指的边区建设，基本单位是属。

关于属的建制：五家为一轨，轨设轨长；六轨为一邑，邑设邑司；十邑为一卒，卒设卒长；十卒为一乡，乡设良人；三乡为一属，大夫管理。以此计算，一属为九千户人家。

边区划分为五属，这就是所谓的鄙分五。

管仲建立这个数学模型，即使齐国庙堂上是一群酒囊饭袋，也能根据架构设置，大概推算出齐国有多少人丁。至于管仲怎么能够精算出国有二十一乡、鄙有三属，肯定不是凭空想象，功夫用在平时。当齐襄公不务正业之际，管仲正专心于调查研究，所以说一切机会时刻留给有准备之人，这话有理。

对于边区鄙属的管理，"武政听属，文政听乡"，乡设良人，属设大夫，乡在属之下，很显然，武政大于文政，齐国对于偏远边区的管理以武力统治为主，怀柔次之，属大夫相当于保甲制度末期、民国时期的保长，乡良人相当于乡绅。

鄙虽大，但管理的都是边区贱民，贱到什么程度？连当兵打仗、保家卫国的资格都没有。管仲虽然魄力极大、思维超前，但是这个规矩不能破。当兵打仗是士农阶层的特权和荣誉，这种特权荣誉就连工商阶层也不能分享，但是管仲给予了改革和创新。

这就是军政一体：国分三，三国即三军。

老大齐桓公率领下的士农五乡组成中军，国氏家族和高氏家族率领的士农五乡分别组成左军和右军。

士农之家必须每家出一人当兵：一轨五家，出五人当兵，五人为一伍，轨长兼任伍长；十轨为里，五十人当兵，组成一小戎，里司兼任戎长；四里为连，出二百人当兵，组成一连，连长还是连长；十连为乡，出二千人当兵，组成一旅，良人兼任旅长；以此计算，五旅一万人，万人为军，齐桓公、国子和高子各帅一军。

管仲搞的这一套，类似我们新中国成立之初的新疆生产建设兵团——平时下田务农，闲时狩猎练兵，战时打仗参军。

管仲进一步补充："士农工商四民者，国之石民也，不可使杂处，杂处则其言咙（máng），其事乱。"意思是士农工商不可杂居，鸡鸭同笼，容易乱事，于是搞了一条霸王条款："处士必于闲燕，处农必就田野，处工必就官府，处商必就市井。"

总之，择业而居，再之，安居乐业，一切为了生产。

话到这里，管仲在面试中高分胜出，老大满意，群臣称赞，于是管仲就任宰相。

第二章

齐鲁之争

1. 曹刿自荐

管仲相齐的第二年，牛人齐桓公干了一件蠢事：对鲁国发动了长勺之战。

之所以说牛人干蠢事，首先，齐桓公这么干，管仲不认可，他明确告诉老大，此时称王称霸，为时尚早；其次，历史上很难解释齐桓公为何发动长勺之战，因为就在前一年，齐国已经击败了鲁国，并且鲁国也当面认怂了，没理由今年再修理鲁国一遍，这是打顺手了吗？

只有一个理由，现在齐、鲁两国的关系，就是诸侯国关系中老大和老二的关系。一般情况下，老大和老二的关系，基本上就是修理和被修理的关系。以前不可一世的郑国已经日落西山，能与齐国抗衡的只有鲁国和楚国了，但楚国远在汉江流域，用楚国的话来说，齐、楚之间的关系，是风马牛不相及的关系，所以，齐桓公认定只有鲁国是齐国的心腹大患，需要定期进行修理。

于是，公元前684年初，也就是齐桓公二年，鲁庄公十年，齐国兵逼长勺，准备修理鲁国。

长勺遗址位于今天的山东莱芜苗山镇杓山南，好事之人认为此地形似一把勺子，因此得名。这种臆想纯属巧合。

《齐鲁文化大辞典》载："长勺，古地名，春秋鲁地，因商遗民长勺氏居此地而得名。"对于长勺地名的由来，左丘明给出了权威的解释，《左传》定公四年录："殷民六族，条氏、徐氏、萧氏、索氏、长勺氏、尾勺氏，使帅其宗氏，辑其分族，将其类丑，以法则周公。"从中看出，条氏、徐氏、萧氏、索氏、长勺氏、尾勺氏六个部落属于殷商遗民，武王灭纣之后，旧朝遗民被分而治之，这六个部落从原籍被发配至鲁国，长勺氏部落就落户今天的莱芜市苗山镇杓山一带。左丘明的这段话，也交代了条、徐、萧、索、长勺、尾勺，六大姓氏的宗源出处。

长勺，春秋鲁地，准确地说是鲁国边区，所以齐桓公这是上门耍横。但是，齐桓公这次的运气似乎没有历史上的威名那么好，他遇上了一个蛮不讲礼的主：《左传》《谷梁传》和《管子》称之为曹刿，《史记》称之为曹沫，《公羊传》称之为曹子。不管是曹刿，还是曹沫，或是曹子，实为同一人。

齐国上门逼战，鲁国成了惊弓之鸟，因为去年乾时之战，被齐国重创留下的伤疤还未痊愈，到底战与不战，鲁庄公还在犹豫。

这时候，曹刿横空而现。

之所以用"横空而现"来形容，是因为曹刿本来就不是圈内人士，这个圈被《左传》称为肉食者圈，言下之意，还有一个素食者圈。在肉食者圈混迹的都是上流人士，相当于动物世界的食肉动物，掌握话事权，素食者圈当然是指下里巴人群。曹刿只是来自素食者圈的一个有志青年，祖籍曹国。

顺便介绍一下曹国。

曹国，创始人是周文王姬昌和正妃太姒所生的第六子姬振铎，周武王姬发的同父同母弟，和鲁国的创始人周公旦也是亲兄弟，因为地位显赫，所以被封为三等伯爵，封地陶丘，建立曹国。曹国中心位于今天的山东省菏泽市定陶区。姬振铎作为曹姓始祖，也在历史上被称为曹叔振铎。

曹国乃膏腴之地，西接成周，东连齐鲁，北临河济，南控江淮，天下粮仓。但是，时至春秋，曹国已经国力衰微，所以在春秋大战中基本上可以忽略不计。

励志青年曹刿振臂一挥，慷慨激昂地说了一句"肉食者鄙"，如果翻译为白话，相当于"食肉者圈里庸人多"，结果就是这句"肉食者鄙"作为曹刿毛遂自荐的投名状，直接打动了鲁国一哥鲁庄公，再加上曹刿本人身高力大、英姿神武，甚为鲁庄公喜爱。

关键是曹刿的鹰派作风和这位鲁国一哥臭味相投——此时的鲁庄公年轻气盛，浑身充满雄性激素。

而且这位鲁国一哥也信心满满，自认为从治国理政，到祭神拜祖，问心无愧："衣食所安，弗敢专也，必以分人；牺牲玉帛，弗敢加也，必以信；小大之狱，虽不能察，必以情。"

当然这些都是屁话，战场胜败，不看良心，只看狼心，至少曹刿是这么认为。

等到上了前线，曹刿和老板同乘一部战车，一是此时以曹刿的草根地位，无法单独配备一部战车；二是曹刿身高力大，正好可以做个护卫。

2.长勺之战

长勺之战,是大国约战,约战方是齐国,受约方是鲁国,双方都是为"国"师表、风度翩翩的泱泱大国,所以打仗就要像下中国象棋一样,按照规则对弈。

两军对垒,齐国首先挑战,挑战的信号就是击鼓,明示鲁国:兄弟,请接招,俺们要进攻了。

按照交战礼仪,鲁国应该击鼓回应,以壮军威,意思是:来吧,兄弟,谁怕谁!

可是,曹刿建议老板鲁庄公:暂不回应,耐心等待,这叫不鼓不列阵,看你能把我怎么样!

对方不回应,那就是还没有接受挑战,按照交战礼仪,齐国军队不好单方面进攻,也只能耐心等待,相当于两位拳击选手上台竞技,红方已经上场,黑方还在台下磨叽,红方也只能在台上挥拳作秀。毕竟齐国是上一届乾时之战的卫冕冠军,冠军要有风度,不能乱来。

齐国军队等了老半天,鲁国军队还是不鼓不列阵,实在不耐烦了,就再一次击鼓挑战:到底打还是不打,不打就认怂,回家洗洗睡吧。

鲁庄公还是接受曹刿的建议：不鼓不列阵，继续等待，让子弹飞一会。

一鼓作气，再而衰，三而竭

齐国军队蒙了，鲁国这是要认怂了，连决斗的勇气都没有，难道这次不用老子动手就直接胜出？

齐国军队已经做好了卫冕成功、发表获奖感言的心理准备，于是，第三次击鼓挑战，最后一次挑战鲁国。

这次令齐国没想到的事发生了，鲁国击鼓应战，而且鲁庄公身先士卒。

鲁国军队已经被击鼓调戏了两次，知耻而后勇，怂人也搂不住火，何况满身雄性激素的鲁庄公。

齐国军队被打了个措手不及,大败而逃。

战后,曹刿发表获奖感言,长勺大战,制胜之道在于:"一鼓作气,再而衰,三而竭。"

这就是成语一鼓作气的由来,曹刿的获奖感言也被左丘明先生提炼总结,成为脍炙人口的佳作——《曹刿论战》,上过高中的中国人应该都读过,只不过还没有明白,是春秋礼仪打败了齐国,成就了一个不讲礼的励志青年曹刿。

这次只是牛刀小试,下一次不按常理出牌,曹同学继续成为司马迁的笔下红人。

3.乘丘之役

长勺之战,鲁国击败了齐国,齐国不甘心,所以这事没完。

这之后的三年时间里,直到齐桓公发起的柯地会盟之前,齐国对鲁国的骚扰侵袭从未间断。

齐国对鲁国不但迎面单挑,而且组织群殴。长勺之战的当年夏季,齐国联合到了宋国,集结在鲁国西部的郎地,企图再次修理鲁国。

宋国此时的一哥是宋庄公(公子冯)之子——子捷,这位仁兄人不如名,没有善终,所以才惨兮怜兮落得一个"闵公"的谥号。

此时辅佐宋闵公的依然是曾经倡导天下太平、主张休养生息的华父督。这位华姓始祖曾为了夺人之妻,杀死了孔子先祖孔父嘉和宋殇公,以臭名昭著闻名春秋。华父督是文官出身,因为偷窥了一眼时任大司马孔父嘉的美貌妻子,夜不能寐,顿起歹心,围杀了孔父嘉,又凭弑君上位太宰大位,实属德不配位。任用此人治国,朝纲不正,军心涣散。

《左传》言:"宋师不整。"

所以齐桓公这次傍上的是一个猪队友。

宋国这次与齐国为伍，加入修理鲁国的阵营，是因为另外一个异姓小国：宿国。

宿国是一个风姓小国，五等男爵，当年武王建国，因为仰慕上古名人伏羲，所以就将其一支后裔封在宿地，现在的山东省东平县宿城镇，史称北宿，另一支封在今天的安徽宿州，史称南宿。

现在全球风姓之人凤毛麟角，全赖宋鲁之争。

《春秋》载："三月，宋人迁宿。"

宋人迁宿事件发生于乘丘之战的三个月之前，宿国是宋国的附庸，但宿国是夹在宋鲁之间的一个小国，春秋风云变幻，小国永远是大国的菜。

宋人之所以主导迁宿移民，是因为宿国是宋国的附庸，宋国是宿国的大哥；宿人之所以要迁走，是实在待不下去了，原因必须且只能有一个：再待下去，就可能真成为鲁国的盘中餐。

就这样，宋国和鲁国之间的梁子结下了，宋国把宿国移民到了宋国境内，最后稀释、同化，直到灭亡，风姓宿人所剩无几，祭祀中断，香火不传，所以风姓之人少之又少。

现在也有人认为"宋人迁宿"是迁到了今天的江苏省宿迁市，所以得名宿迁。经专家认定，这种说法站不住脚。

总之，宋国和鲁国怼上了，这次又多了一个队友齐国。

齐、宋干鲁国，二打一，鲁庄公有点发怵。长勺之战，鲁国胜之不武，如果这次单凭实力列队冲锋，估计鲁国肯定要被齐、宋联军碾压。

这仗该怎么打？鲁国不愧是春秋高等学府集散地，能人辈出。这次站出了一个《左传》称之为公子偃的战术家，之所以称之为战术家，是因为这位仁兄和曹刿如出一辙，打仗不比实力比方法，如果放在三千年前的周礼面前，那就叫邪门歪道。

公子偃在史书上昙花一现，再没有其他记载，但可以肯定此人是国君之子，应该是鲁庄公祖父鲁惠公和宋女仲子（鲁隐公未婚妻）之外的其他女人所生。

公子偃给老板出的主意是：鲁国和齐、宋联军实力不对等，不如先捏软柿子——宋国军纪涣散、军容不整，属于软柿子。宋国兵败，齐国自退。

鲁庄公明确表态不同意。打仗不能挑三拣四，欺软怕硬，这样下去，堂堂鲁国，礼仪之邦，带头破坏礼制，这以后在春秋舞台上咋混？

可公子偃没听，直接出击。

这次出击简直就是神操作。公子偃私自率军冲出鲁城南门，直接和宋军死磕。神奇的是公子偃战队中的马都披着虎皮，文言文曰"马质虎皮"。宋国战马当然不会认为这是鲁国战马的行为艺术表演。那个时代，老虎不是稀缺保护动物，有山皆有虎，普遍存在，要不然公子偃也不能一下子筹集到这么多张皮。所以，战马对老虎这位猛兽一哥相当熟悉，绝不会像柳宗元笔下的黔之驴那样傲娇，企图以蹄试虎。

这是中国战争史上第一次战马比战士抢先认输的战役，战马拉着战车仓皇而逃，剩下的步兵只能被冲上来的鲁国战车碾压。

中国有个成语"羊质虎皮"，而"马质虎皮"才是这个成语的原始写真版。

公子偃的这番操作，让鲁庄公醍醐灌顶：原来仗是可以这样打的。

于是，鲁庄公也率军加入公子偃战队，凭借高昂士气，最终在离鲁城不远的乘丘重创了宋军，宋军溃逃，齐国军队以军事观察员的身份，独善其身，完美败退。

这就是历史上的乘丘之役。

乘丘，春秋鲁地，在今山东省济宁市兖州区西北，此地得名与战车有关，因此，乘丘中"乘"字最初的发音应为"shèng"。

春秋地名中数量最多的当数"丘"字辈，例如：乘丘、葵丘、桐丘、犬丘、陶丘、楚丘、商丘、邢丘等几十个之多。接下来的是"泽"字辈，例如：云梦泽、大野泽、菏泽、孟诸泽、蒙泽、空泽、彭蠡（lǐ）泽等。"丘"和"泽"并非吉祥福地，丘和泽就是那个时期黄河流域、淮河流域、长江流域和现在已经消失的济水流域的原生态地貌。

有关乘丘之战的记载，在历次春秋战役中，算是少有的大篇幅，主要因为乘丘之战不但战法诡异，而且影响深远，特别是对宋国政坛。

这要从一个大脑平滑、四肢简单、心胸狭窄、脾气暴躁的宋国大力士南宫长万说起，宋闵公就喜欢这种力大如熊、能给人安全感的肌肉男。另外，南宫长万还有一个弟弟叫南宫牛。乘丘之战，南宫长万作为特邀主力也光荣参战了，而且表现英勇，成为双方战场上的金牌前锋。鲁国一哥鲁庄公亲自动手，请出御用精确打击武器，名曰金仆姑的良箭，射翻南宫长万。南宫长万被生擒。从此，古代文人骚客就把金仆姑作为良矢的代名词，彰显其人博古通今。

平心而论，除了对老婆的私生活管理不善，鲁庄公的确是个有为青年，出得朝堂，上得战场，而且礼贤下士。《礼记·檀弓上》就记载了在乘丘之战中，鲁庄公战车马惊遇险，危及小命，鲁庄公埋怨左右随从关键时刻掉链子，御驾手县贲父蒙羞而后勇，以身殉国。事后发现是战马腿部中箭导致险情，鲁庄公深感自责，为这位御驾手举行高规格追悼会。

《礼记》曰："士之有诔（lěi），自此始也。"

对于二千七百多年前这场由鲁庄公主持的追悼会,历史记忆早已模糊,但是七十多年前毛主席又一次刷新历史,在对普通革命战士张思德同志的悼念中,第一次提出了"为人民服务"的伟大号召。所以,历史其实就是古今穿越,而且是来回穿越,穿越多了,也就形成了历史规律。

4. "谭""郕"一锅粥

长勺之战和乘丘之战，齐桓公连栽了两次，雄心多少受挫，但是贼心不死。

当年战败，当年再战，这次轮到齐国脚下的谭国倒霉了。

谭国，谭姓先祖，非姬姓小国，爵封四等子爵，一般来说这种大国身边的小国，如果邻里关系没处好，基本上都会成为大国餐桌上的鱼肉。

谭国曾经是齐桓公小白的姑妈庄姜的家。

《诗经·硕人》中对于大美女庄姜的身世是这样表述的："齐侯之子，卫侯之妻，东宫之妹，邢侯之姨，谭公维私。"

直白过来就是庄姜是齐前庄公的女儿，卫庄公的第一夫人，齐僖公的妹妹，邢侯的小姨，谭公也是她的亲姐夫。

齐国盛产美女，远嫁四方。

庄姜是齐桓公小白的姑妈，谭公是庄姜的姐夫，那么谭公也是齐桓公的姑丈，只不过史书并未记载这位姑丈谭公是否就是现任谭国老大，但是因为年代相差不久，所以谭国还算是齐桓公的老亲戚。

谭国就在灭亡的几年前干了一件缺心眼的事，把后来成为春秋霸主的齐桓公小白给得罪了。小白当年在外逃亡，流窜到了谭国，本想着到了亲戚家找温暖，可是谭国不看好公子小白这笔风险投资，怕得罪黑恶势力齐襄公，于是，小白吃了闭门羹，最后才辗转到了莒国。

等到公子小白华丽转身上位齐国老大，谭国继续缺心眼，别的邻国都去祝贺齐桓公上位，谭国还是无动于衷。

血亲一旦反目，就是血仇。

齐桓公本年度和鲁庄公争斗，长勺之战和乘丘之战连输两场，正想找回点面子，谭国撞到枪口上了。

《左传》载："庄公十年，冬，齐师灭谭，谭无礼也。谭子奔莒，同盟故也。"

《史记》载："桓公二年，伐灭郯，郯子奔莒。初，桓公亡时，过郯，郯无礼，故伐之。"

很显然，《左传》和《史记》记录的是同一件事，鲁庄公十年和齐桓公二年，指的就是公元前684年，也就是长勺之战和乘丘之战的当年。但是《左传》说的是灭谭，《史记》说的是灭郯，谭国和郯国又是春秋时期的的确确存在的两个国家。

这不就成了"谭""郯"一锅粥了吗？

谭国和郯国，都史上有名，对于中华文明都有一定的贡献。

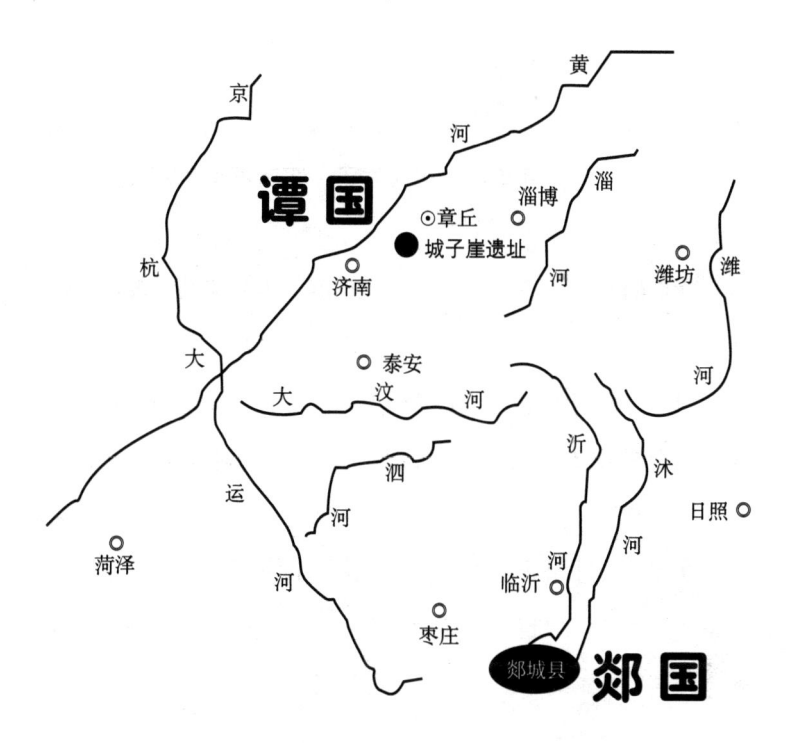

谭国和郯国示意图

  现在的山东省济南市章丘区龙山镇东北的城子崖遗址，就是古谭城，在1928年被山东籍学者吴金鼎考古发现，最初以黑陶文化命名，最后确定为山东龙山文化的代表。

  因为龙山文化距今4000年左右，中华文明当时还处于铜石工具并用时期，所以，谭国的历史又从西周册封诸侯向前上溯了一千多年，谭国当时堪称历史悠久的文明古国。

但是谭国是东方小国，相对姬姓诸侯，谭国是异姓之国，因此混得不怎么样。《诗经·小雅·大东》基本上描绘出了这个东方小国当时的窘境："东人之子，职劳不来。西人之子，粲粲衣服。"

这里的东人之子指的就是东方小国，周王朝的二等公民；西人之子，暗指宗周镐京的统治阶层。

司马迁所说的郯国，就是今天的郯城县，位于山东省的最南部，鲁苏交界。这个郯国曾经在韩愈的《师说》中留下来"孔子师郯子"的典故。

孔子出生于公元前551年，推算一下，"孔子师郯子"应该是乘丘之战后二百年之后的事了，说明孔子时代这个郯国依然存在。

所以，这次可能是司马谈、司马迁父子抄错作业了。

第三章

齐始霸也

1.宋国躺枪

齐桓公并没有因为长勺之战和乘丘之战的两次失手而暂停称霸,反而变本加厉,更加大刀阔斧地修理鲁国。

齐鲁争端在继续,旁边的宋国躺枪了。

乘丘之战的第二年夏季,宋闵公不甘心乘丘之战被鲁庄公击败,又主动向鲁国发兵挑衅,结果鲁国没客气,不等宋国击鼓列队,突然发起冲锋,宋军猝不及防,又遭遇溃败。

鲁国这是怎么了?带头破坏交战礼仪,改变游戏规则,这叫作胜之不礼。鲁国那可是公认的礼仪之邦,周王朝的礼学大讲堂就长期设在鲁国。难道因为宋国和齐国不是姬姓诸侯,就可以不讲礼?好在鲁国史官讲了一番话,为鲁庄公这几次胜之不礼做了开脱,玩弄了一下文字游戏:敌我双方列阵对杀,这可以堂堂正正地称之为"战";敌方没有完成列阵,我方冲锋完胜,姑且称之为"败某师";敌军大崩而溃,称之为"败绩";偷袭某军,称之为"取某师";俘虏敌方勇士,称之为"克"。周天子打仗被某国击败,那要客客气气地称之为"王师败绩于某"。

以上各种打仗案例都有了冠冕堂皇的称呼,这不就成为

"礼"了吗？所以乘丘之战，礼曰：鲁败及克宋师。

宋国被鲁国的史官黑了一把。

但真正黑宋国的还是自己人，南宫长万被宋闵公从鲁国重金赎了回来，直接导致宋国进入了乘丘之战后的糟心时代。

宋闵公虽然赎回了南宫长万，但是没有好人做到底，而是当面羞辱了这位肌肉男：被俘之人只可言耻，不可言勇。

南宫长万怒了，后果很严重，因为他号称春秋第一大力士，危害性极强，而且还有一个性格相投的弟弟南宫牛，以及手握兵权的好哥们孟获。

乘丘之战的第三年秋天，宋闵公秋游到了蒙泽，也就是今天的安徽蒙城县，南宫长万动手了。

这次南宫长万弑君基本上没有什么技术含量，宋闵公毙命之后，南宫长万开始清理门户，此人不愧为力大如熊，杀人也犹如狗熊扑食，以掌击杀，平常只有在武侠小说中才有的铁砂掌，在《左传》穿越浮现："批而杀之。"南宫长万反掌劈杀了大臣仇牧。

接下来，南宫长万替孔子报了灭祖之仇，二号首长太宰华父督的小命被掳。南宫长万也想效仿华父督，扶植新君，于是干脆立宋闵公的弟弟公子游上位，宋闵公的另外一位弟弟公子御见势不妙，随即出走到了宋国老巢亳地，也就是现在的商丘；其他弟弟逃亡萧邑，即现在的安徽萧县。

南宫牛带领同党孟获围攻亳地公子御。

萧邑此时的掌门人被称为萧叔大心,这位仁兄是全球萧姓华人始祖,萧县也从此成为萧姓发源地。这位萧大叔是否心胸广大,不得而知,但是有一点可以肯定,就是能量大,竟然纠结了宋国戴、武、宣、穆、庄五大公族势力,外加曹国雇佣兵团,直接攻击以公子游为首的南宫伪政权。

南宫牛死于两军阵前。公子游被杀。孟获逃亡卫国,后被宋国引渡回国。

剩下的南宫长万逃亡到陈国,临走之前,不忘孝心,带着老母亲一起逃亡,可见宋国继承殷商遗风不是讹传。陈国国小人贪,宋国给陈国略施贿赂,陈国随即接招,酒色齐下,灌醉南宫长万,用牛皮捆住,引渡回宋。

南宫长万和孟获被宋国处以极刑,砍头不过瘾,要剁成肉酱,慰藉先君。

宋闵公的接班人是公子御,子姓,名御说,是为宋桓公,大名鼎鼎的宋襄公的老爹。

事情还没完。

萧叔大心不是做慈善,不能空手而归,于是宋桓公给予他最高封赏,直接封国,萧邑摇身一变,成为萧国,但还是宋国的附庸。只可惜来得快,去得也快,萧国国祚只有八十五年,被春秋五霸楚庄王收入囊中。

这一年，还发生了一件不大不小的事，长期处于郑国政坛上的二号人物祭仲去世了，盘踞在栎地的郑厉公，也就是公子突，开始谋划复辟。

2.齐鲁必争汶阳田

经过南宫长万的折腾,宋国彻底凉了,暂时不构成对鲁国的威胁,乘丘之战翻篇了。

但是,齐国没有忘掉长勺之痛。齐桓公称霸,采取的是由近及远、逐次碾压的策略,所以修理鲁国是齐桓公第一个五年计划的工作重心(从齐桓公元年上位到齐桓公五年柯地会盟)。

这五年间,齐鲁之间除了乾时之战和长勺之战,又大小打了三场仗,而且还是"草食动物"出身的曹刿领兵作战。但是这三次,曹刿的伎俩没有派上用场,齐国学聪明了,三战全胜,鲁国丢城弃地。

《管子·匡君大匡》言:"去国五十里而为之关。"

这意思是齐鲁边境距离鲁国国都也就剩下五十里了,这话可能会有点夸张。古代的一里标准距离是三百步,但是古代的一步指的是一左一右各一步,所以相当于现在的两步,因此古代一里大约也是五百米,和现在的一华里基本相当。

鲁国国都相对而言比较稳定,位于现在的山东曲阜,那是因为在周王朝序列中,鲁国地位显赫,很少受到外来威胁,没有经历过颠沛流离。但是齐桓公上位以来形势大变,如果确有"去国五十里而为之关"的史实,那么此时的齐国肯定是打过泰山,跨过汶水(今天的大汶河),直逼曲阜。

泰山是齐鲁交界,泰山之北是齐国,泰山之南即鲁国,齐鲁边境线基本上就是今天的齐长城遗址以南,正如杜甫诗云:"岱宗夫如何,齐鲁青未了。"

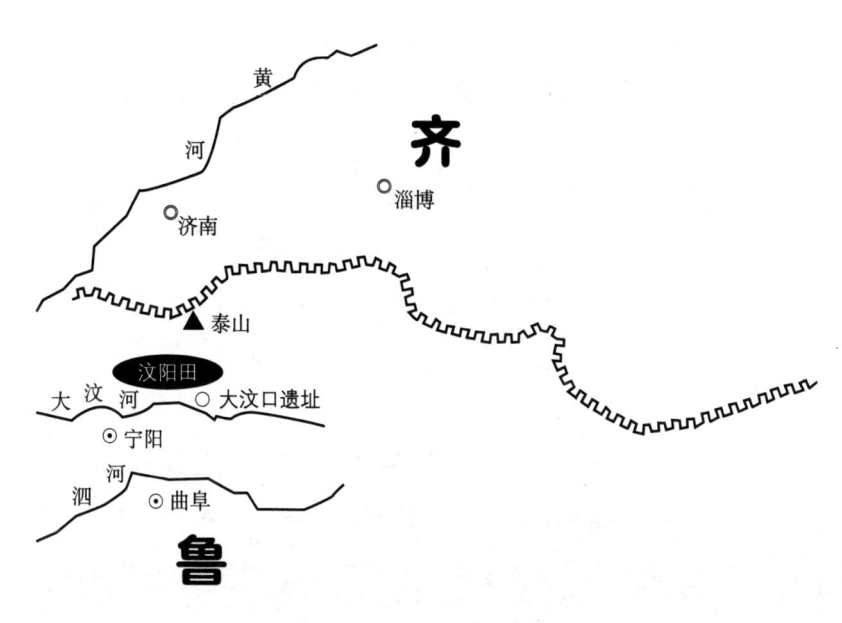

齐鲁必争之汶阳田示意图

齐桓公不但兵临鲁国城下,要命的是齐国占领了鲁国泰山之南、汶水之北的沃野良田,这是鲁国的传统粮仓,历史上称为汶阳田,因为地处泰山之阳和汶水之阳而得名。

从齐桓公始,齐鲁之间开始了长达两个世纪的汶阳之争,历史上才流传下来"自古文明膏腴地,齐鲁必争汶阳田"的说法,汶阳田曾经是大汶口文明的核心区域。

鲁国屡屡被齐国打败,这是管仲相齐以来,多年修政治军的结果。

管仲治兵搞的是军政一体、"既战斗来又生产"的建设兵团体制。这种体制的优势,《管子·匡君小匡》给予剖析:

> 人与人相保,家与家相爱,少相居,长相游,祭祀相福,死丧相恤,祸福相忧,居处相乐,行作相和,哭泣相哀。是故夜战其声相闻,足以无乱;昼战其目相见,足以相识;欢欣足以相死,是故以守则固,以战则胜。

总之,这支军队,平时一起生产,战时一起打仗,相当于现在的"一起同过窗,一起下过乡,一起扛过枪",结下了深厚的革命友谊。人人相识,个个了解,休戚与共,同仇敌忾,团结协作,配合默契。

这就是管仲倡导的以人为本的团队精神。

以人为本,在历史上是管仲率先提出。

相比较之下的鲁国,士农工商,大杂居,小聚居,平时放养，战时组队，临时凑数，战斗力大打折扣。

就这样，中国历史上著名的军事家曹刿带领着这支队伍，接二连三败给了白面宰相管仲的齐国军队，而且丢弃泰山，汶阳不保——泰山是礼仪圣地，汶阳是鲁国粮仓，鲁国这次被齐国既打脸又打嘴。

这次历史事件中司马迁给曹刿同学安排的历史别名是曹沫，《管子》一书中使用的依然是曹刿。

虽然三次败北，鲁庄公依然重用曹刿。

其实，鲁庄公实在也是无奈之举。

一来，鲁庄公眼里能打仗的，选来选去就这一个人，如果曹沫和曹刿是两个人，鲁庄公还有可能竞争上岗，随时选兵易将。

二来，鲁庄公明白，曹刿节节败退，不是曹刿不善战，而是管仲调教出来的齐国军队太专业，鲁军领着一群野鸭子去斗鸡，太业余了。

3.曹子劫桓

眼看着鲁国被修理得一塌糊涂，齐桓公开始展现大国姿态：鲁庄公，看在你是我外甥的面上，谈谈吧。

在这样的背景下，齐桓公五年冬季，历史上的齐鲁柯地之盟拉开序幕。

在柯地之盟前的同年春天，齐桓公就首秀了一场北杏会盟，而且排演了一场杀鸡给猴看的大戏，这只猴就是鲁国，鸡就是鲁国的附庸遂国。

遂国，周武王册封，上古名人舜的后裔，位于现在山东省肥城、宁阳一带的某个犄角旮旯，正好是汶阳田的范畴之内。

周天子之所以能站在道德的制高点和食物链的最顶端，是因为创始人周武王几乎把三皇五帝的后裔全部封国赏爵，这样无疑是给西周王朝圈了相当多的粉丝，这在中国历史上也是前无古人，后无来者。

齐桓公发起北杏之盟的事由，就是大家共商共议南宫长万之乱引起的宋国政坛震动。

齐国邀请了宋国、陈国、蔡国、邾国和遂国。

宋、陈、蔡、邾如期而至，遂国爽约了，因为遂国的大哥是鲁国，此时鲁国和齐国正在拉锯，关键时刻，遂国这个小弟还是很仗义。

齐桓公龙颜大怒，直接灭了遂国，这是给遂国的大哥鲁国表演看的。

这次鲁国没有救这个小弟，或许司马迁在《史记·刺客列传》中一语道破真谛："鲁庄公惧，乃献遂邑之地以和。"

遂国直接被大哥鲁国出卖了。

虽然后来遂国试图造反复国，但还是被齐国彻底消灭在了汶阳田。

宋国感觉北杏之盟是被齐桓公忽悠了，因为乘丘之战就被队友齐国耍了，南宫长万之乱，齐国坐山观虎斗，硬是一个兵丁不派，最后曹国出兵，才算平息内乱。现在宋桓公上台，风平浪静，齐桓公又事后挑事，召集诸侯，名为商议宋国乱后重建，实为干涉宋国内政。

这分明就是，宋国出钱，诸侯搭台，齐国唱戏。

所以宋国不爽，虽然参加了北杏之盟，但过后就撕破脸皮，背弃盟约。

春季，齐桓公发起北杏会盟；冬季，就和鲁国搞起了柯地会盟。名为会盟，实为战后谈判。

管仲一行人簇拥着齐桓公，坐北朝南，胜者为王；鲁庄公带领着曹刿一行人，面北思过，败者为臣。

齐桓公这是在显摆，第一个五年计划终于实施，首先碾压鲁国，接下来是宋国，然后由近及远，称霸天下。

当然显摆归显摆，大国风度不能少。估计这场景有点像"二战"后的美日关系，打残你，再同盟。

按照这样的剧情发展，鲁国的汶阳之田经过柯地会盟之后，就名正言顺地归到齐国的版图之下。但偏偏杀出了一个不按常理出牌的曹刿，直接溜到祭坛上，摸到正在显摆的齐桓公身后，手持匕首劫持了齐桓公，大义凛然，振振有词：齐强鲁弱，以大欺小，欺人太甚。司马迁也给这位中国历史上第一刺客安排了这样一句台词："今鲁城坏即压齐境。"

意思就是现在如果鲁国的城墙坏了，就直接倒塌在了齐国境内。

曹刿质问齐桓公："君其图之？"意思是，你这当大哥的看着办吧。

齐桓公能怎么办？总不能拿着自己这条小命和这个人在这里斗鸡走狗赌一把，于是当面承诺，归还汶阳之田，齐鲁边境重归战前状态。

田没了，可以再夺；命没了，啥都没了。

曹刿虽然铤而走险，但肯定不傻。齐桓公现在是刀架在脖子上，随口一说，鬼都不信。所以，必须当众盟誓，反正作案现场就在盟坛之上，头上三尺有神明，齐桓公怎么也得信誓旦旦表个态，比如"渝盟无享国"之类。

然后，曹刿面不改色，昂首阔步回归臣子之位，齐桓公怒了：要田，也要命，田是汶阳田，命是曹刿的命。

碰上这种事，谁都会火冒三丈。

曹子劫桓（山东嘉祥县武梁祠东汉石刻）

风云突变之际，管仲现身了：老大，既然你已经当众承诺，我们就应该信守承诺，说到做到，虽然齐国暂时失去的是汶阳之田，但是收获的是人心，诚信赢天下。

组织会盟，从齐僖公时代开始，一直就是齐国的拿手好戏，会盟的核心价值就是诚信，如果齐国带头毁约，那以后何来齐桓公的九合诸侯、独霸天下？当年齐襄公搞了一个首止会盟，杀了郑国在位老大公子亹，五马分尸了高渠弥，结果弄得天怒人怨。假如动不动就在会盟现场杀人，这以后谁还敢来参加齐国发起的会盟？

　　管仲不愧是管仲，说到了齐桓公的心坎上，小不忍则乱大谋，舍不得孩子套不着狼，从长计议。

　　放过曹刿，汶阳田归还，齐桓公认了。

　　此举让鲁国彻彻底底跪服了齐桓公，既仗义又能干架的那一定是大哥。从此，鲁国成为齐桓公的小弟。就这样，齐桓称霸的第一个五年计划——碾压鲁国，顺利实施。

　　《春秋》微言大义，这么大的一个历史事件，竟然只用了八个字记录："冬，公会齐侯，盟于柯。"

　　《左传》中左丘明则用了九个字："冬，盟于柯，始及齐平也。"

　　这就叫言之不尽，必有隐晦。

　　曹刿劫桓，对鲁国来说不是一件光彩的事，特别是在春秋时代，相当于干架干不过对方，威胁对方家人谈条件，说出去太丢人了，所以干脆不说。

　　这才让后世解读，导致众说纷纭。

　　《管子》记录曹刿劫桓的时间是齐桓公四年，这显然有错，而且此书记录现场行凶的作案人还有鲁庄公，这也经不起推敲。鲁庄公挟刀劫持齐桓公，那性质完全就变了，相当于两个小学生校内打架，结果两个学生家长打起来了，把一个可控的校内矛盾搞成社会恩怨。

按照常理，曹刿劫持齐桓公，鲁庄公装作无辜，诚意满满向齐桓公道歉：老大，都是我对臣子管教不严，用人不善，你大人大量，高抬贵手。

曹刿劫桓之后，齐桓公显然一朝被蛇咬，十年怕井绳，这才有了韩非子的说法："桓公有武车，戒民之备也。"武车，全副武装的车，相当于现在的防弹车。

4.齐始霸也

柯地会盟之后,齐鲁两国进入了甜蜜期。

这其中也有文姜的功劳,文姜现在是鲁国政坛的二号首长,称之为小君,虽然半老徐娘,但依然风姿不减,穿梭于齐鲁之间,频频玉成好事,把老情人齐襄公的女儿,介绍给了自己的儿子鲁庄公,历史上称之为哀姜。

哀姜祸国,不亚于两个姑姑宣姜和文姜,那是后话。

此时的齐桓公继续发威,逐次碾压,这次轮到了宋国。

宋国是二王三恪之一的殷商后裔,自恃国大功夫深,有钱任性,周天子也不放在眼里。宋国从宋殇公时代就一直被郑国虐,到了宋庄公时代总算虐回了郑国,乘丘之战又被鲁国和自己人联合虐杀,即使这样依然顽性不改,大摇大摆背弃了齐国发起的北杏之盟。

这次宋国撞到了枪口上,齐桓公比起二十多年前的郑庄公更狠。

乘丘之战的四年后,也就是齐桓公六年,齐国伙同陈国、曹国,以及周天子的成周之师,发起了对宋国的攻击。

这时候的周天子,是刚刚继位的周庄王之子姬胡齐,这哥们人如其名，擅长胡作非为，史称周釐（xī）王。齐国本来和周天子异姓相斥，关系非常一般，但是这次在管仲的策划下，齐桓公打出"尊王攘夷"的旗号，自打东周王朝营业开张以来，还从来没有哪个诸侯这么抬举过周天子。

对周天子来说，齐国这个干儿子可比亲儿子懂事多了，所以齐桓公提出修理宋国的建议，周釐王欣然同意，派兵参战，并委派单伯现场指导工作。

单（shàn）伯，单国老大，单姓始祖，跟随周平王从现在的陕西眉县迁徙到了现在的河南孟津区，曾经亲自护送周庄王的女儿王姬出嫁齐国，由此可见单伯官职不低，而且德高望重。

当时最想挫败宋国的莫过于郑国，宋国自宋庄公上位起，就以干涉郑国内政的名义，对郑国大打出手。但是恰在此时，郑国正值内乱，因为前几年祭仲去世了。祭仲向来是郑国政坛上的一棵常青树，祭仲已死，郑国的傀儡君主公子婴的靠山没了，于是，偏安一隅的郑厉公姬突（公子突）突然复辟了，干掉了自己的弟弟公子婴，正在着手消除异己，重整朝纲，所以郑国腾不出手来虐宋国。

鲁国没有参战，一直是个谜，可能鲁国比较厚道，没有乘人之危。

宋国的传统盟友卫国和蔡国，一个反水，一个正深陷泥潭。

卫国的公子朔政权是齐国扶植起来的，现在齐、卫正处于蜜月期。

蔡国的情况比较复杂，正处于楚国的蹂躏之中，说来话长，祸起一个女人：春秋四大美女之一的息夫人。

息夫人是息国老大息侯的夫人，来自陈国，和蔡国第一夫人是姊妹，但息夫人貌如桃花，人见人爱，所以也被称为桃花夫人。某日息侯携夫人到陈国省亲，途经蔡国。蔡侯被这位小姨子的美貌所倾倒，于是多余关照了一下这个小姨子。息侯知道自己老婆被姐夫蔡侯调戏，火冒三丈，于是找大哥楚国替自己出头，修理蔡国。

事实证明息侯干了一件蠢事，他的这位大哥——楚国六亲不认，心狠手黑。

楚国此时是楚武王的儿子楚文王当政，说他六亲不认，有据可证：就在几年前，楚文王率兵伐申，这个申国就是曾经联合犬戎推翻周幽王的申国，伐申路线经过邓国，邓国是楚文王生母邓曼的娘家，邓侯当然对这个宝贝外甥好吃好喝、热情招待。谁料想，楚文王恩将仇报，伐申回国途中，趁着邓侯毫无防备，顺手牵羊，把邓国灭了。

息侯指望这位大哥罩着自己，后果很悲惨。

楚国的确发兵修理了蔡国，但是蔡侯讨饶之际，不忘坑了一把息侯，把自己小姨子息夫人的花容月貌介绍给了楚文王：老大，息夫人美若天仙，当属你有，却被息侯这小子私藏了。

这番话正中楚文王心坎，于是楚文王直接调转枪口，把息国灭了，将息夫人据为己有。

所以，有困难，找警察，千万不要去找黑道中的大哥。

周釐王时代的警察就是齐国，打着尊王攘夷的旗号行走。所以楚国虽然强大，但所作所为，不占据道德的制高点，与齐桓公比较起来，还相差甚远。

现在的宋国势单力孤，以齐国为首的诸侯联军还有周天子撑腰，这就变成了师出有名，手续合法，相当于警察惩教罪犯。

所以宋国认怂了。周天子的特派员单伯从中斡旋，大家和解。宋国作为二王三恪的脸面基本上可以保存。

《春秋》记录鲁庄公十四年："冬，单伯会齐侯、宋公、卫侯、郑伯于鄄。"

鄄，现在的山东菏泽市鄄城县。既然《春秋》经文明确记录这次单伯是主角，那么这次会盟其实就是单伯以周天子特派员的名义主导的停战协调会。

这次齐国并不是台上主角，齐桓公不是一个甘心做伴郎的人，于是重新搭台唱戏，第二年重新以齐国的名义在鄄地发起会盟，宋国、卫国、郑国、陈国到位捧场，齐桓公的诸侯霸主地位正式确立。

司马迁和左丘明齐声同呼:"齐始霸也。"

这一年是齐桓公七年,公元前679年。

5.人之生也，必以其欢

鄄地会盟，齐桓公终于迎来了自己的人生高潮，在齐、鲁、宋、卫、郑等中原列强眼里，齐桓公已经超越了当年的郑庄公，虽然还没有站在食物链的最顶端，但基本上已经没有天敌。

此时的秦国远在西岐，还没有入围这场争霸赛；楚国虽然强大，但荆楚蛮夷，不可同室论道；晋国曲沃代翼才刚刚被周天子承认，羽翼未丰，还是个半成品，因此，晋国也不具备话事权。

周天子一代不如一代，现在是东周王朝第四任周天子周釐王姬胡齐当政。虽然这位仁兄在位只有五年，但是干了两件大事：一是挑战周礼，修改游戏规则，大搞奢靡之风，把周王朝向来推崇提倡的中国红改成了皇家黄，这就相当于红旗变黄旗；二是奢靡之后，囊中羞涩，只能以权谋私，大量收受曲沃武公的巨额贿赂，帮曲沃武公转正成为晋武公。这意思就是小宗杀大宗合法了，大宗至上可是周礼的核心价值，周釐王这是知法犯法，带头打倒周礼。

皇甫谧（Mì）在《帝王世纪》中记录："釐王自即位以

来，变文武之制，作玄黄华丽之饰。宫室峻而奢侈，故孔子讥焉。"

周釐王自毁门庭，周天子权威扫地，不再站在道德的制高点，齐桓公倡导的"尊王攘夷"实际上成了"挟天子以令诸侯"。

所以，当下的齐桓公俨然就是诸侯一哥了。

这要感谢一个人，就是管仲。

要说管仲是春秋初期的超人，这一点毫不为过，各位读者可以先粗略浏览以下历经千年沧桑，流传亘古的管仲语录：

"仓廪实，则知礼节；衣食足，则知荣辱。"——宇宙名言。

"一年之计，莫如树谷；十年之计，莫如树木；终身之计，莫如树人。"——现代版：十年树木，百年树人。

"天道之数，至则反，盛则衰。""政之所兴，在顺民心。政之所废，在逆民心。""凡治国之道，必先富民。"——治国理政，经典语录。

"诚信者，天下之结也。"——春秋版的诚信赢天下。

"天下不患无臣，患无君以使之。天下不患无财，患无人以分之。""俭则伤事，侈则伤货。""喜无以赏，怒无以杀。""得众而不得其心，则与独行者同实。""霸王之所始也，以人为本；本理则国固，本乱则国危。"——最早的以人为本理论。

"治国常富,乱国常贫。"——太精辟了,谁敢说不。

"独王之国,劳而多祸。""海不辞水,故能成其大;山不辞土石,故能成其高。"——演化为:山不厌高,水不厌深。

"多言而不当,不如其寡也。"——现代版:沉默是金,雄辩是银。

"名进而身退,天之道也。""事者生于虑,成于务,失于傲。"——从小听到大的真理。

"知者善谋,不如当时。"——老百姓嘴里的"事后诸葛亮"。

"钓名之人,无贤士焉。"——现在的成功人士要用板砖拍死这句。

"甚富不可使,甚贫不知耻。"——这一句非常符合当前的国际形势。

"衣冠不正,则宾者不肃。"——尊重别人,从穿衣做起。

"巧者能生规矩,不能废规矩而正方圜。"——没有规矩,不成方圆。

"商贾在朝,则货财上流。""夫物多则贱,寡则贵。"——中国最早的商品经济学。

"国多财则远者来,地辟举则民留处。""人之生也,必以其欢。"——这句话说到了多少人的心坎上。

管仲留下了众多名言

管仲语录,读了一句,觉得受益匪浅;读了一半,觉得白活了;读了一遍,觉得自己活了也是白活。

管仲,虽然不是圣人,但是历史红人,因为圣人无趣,管仲多才。

就拿"人之生也,必以其欢"这句管仲语录来说,无论干坏事,还是"学雷锋",都觉得这句话励志,这才叫大智慧。

6. 管仲三策

纪晓岚说:"百工技艺,各祠一神为祖。倡族祀管仲,以女闾三百也。伶人祀唐玄宗,以梨园子弟也。"

所以,管仲也被誉为娼妓行业的开山鼻祖。

《战国策·东周策·周文君免士工师藉》记录:"齐桓公宫中女市七,女闾七百。"

啥意思?就是齐国在宫中开设妓院,而且分成七个门市,每个门市纳妓一百。这是国营妓院,严格管理,公开营业。司马迁曾说过齐桓公好色,一妻八妾的娶老婆指标超额完成,但是,堂堂的春秋诸侯一哥齐桓公,好色好到了要给宫中开妓院,这也太荒谬了吧。

"齐桓公宫中女市七,女闾七百"这句话没说完,后面还有一句:"国人非之,管仲故为三归之家,以掩桓公,非自伤于民也?"

那么,这就说明开设官妓这件事是管仲提议的,齐桓公推行下去后,管仲又来了这么一手,以维护齐桓公。

这宫中妓院也不专为齐桓公服务,它相当于政府部门经营第三产业,服务王孙贵族,讨好老板,促进就业,增加税收,当然免不了老板齐桓公过来视察指导工作。因为属于宫廷重地，一般人严禁入内，当时的从业妓女也被纳入齐国政府人员序列。

开办妓院这种事，中国古往今来宰相人物大全中，也就只有管仲干得出，因为只有他提倡"人之生也，必以其欢"。

为了防止老百姓上行下效，担心"罢士无伍，罢女无家"，带坏民风，扰乱生产，管仲又特别规定："士三出妻，逐于境外。女三嫁，入于舂谷。"男人屡屡休妻，驱逐出境；女人多嫁，充当苦役。

所以，齐国政府虽然带头开办官妓，但是民风依然淳朴，没有被后世骂为靡靡之风。

管仲是个生意人，和吕不韦属于同道中人。

而且管仲算得上是商界奇才，左丘明在《国语》中有关齐国的历史记录总共八篇，管仲、齐桓公占据八篇。

其中一篇名曰《管仲教桓公足甲兵》，记录了管仲突发奇想，为齐桓公筹集武器兵甲的故事，管仲的高招就是和罪犯做生意。

犯了罪想减刑吗？可以，缴费就行。杀头死罪，上缴犀牛皮甲一张，外加一杆戟；罪不至死，上缴盾牌一张，外加一杆戟，走人；想打官司，可以，但不能白打，诉讼费不能免，先上缴一捆箭。

所以，齐国器甲充足。

齐国坐拥大海，鱼盐不缺，器甲充足，有钱任性，但是，人少了不行。人是硬通货，人口多少直接决定老大齐桓公的财富多少，所以只有掠夺人口，才能称霸天下，不然没人种地，没人当兵，霸个寂寞，这件事，齐桓公还得找管仲。

管仲信心满满：还得做生意。

《管子·轻重戊》记录，这次齐国要和邻国做几笔大生意。

首先是和隔壁鲁国。

鲁国文化繁荣，科技发达，竟然发明了一种被称为绨的纺织品，这种布料是用蚕丝做经棉线做纬混合纺织而成的，再说具体一点就是，手工织布机上搭的竖线是蚕丝，织布农妇手中的梭子里装的是棉线，所以绨就是半棉半丝的混合布料，兼有棉的柔软和丝的轻滑，属于鲁国特产，而且是大宗贸易商品。

管仲就是要从鲁国大量进口绨，而且特邀齐桓公作为鲁绨的广告代言人。齐桓公身穿鲁绨，招摇过市，名人和名模效应同时发挥，于是乎齐人争相效仿，鲁绨立刻成为齐国社会的流行时装。

齐国一号首长管仲对于鲁绨的进口大开绿灯，政府承诺，有多不嫌少，高价收购，免除关税，现金交易，当然，这里的现金就是当时的硬通货——金属。

有钱就是任性，现在就是周天子也没有这么阔绰。

此时的鲁国肯定感动哭了，这已经完全超出贸易最惠国待遇了，齐国大哥这是要让鲁国人民搭上齐国发展的快车，鲁国致富，指日可待。全体鲁国人民立即行动起来，放弃庄稼织鲁绨。

十三个月后，鲁国商队车载鲁绨运往齐国，《管子》中用"道路扬尘，十步不相见"来形容，可见商队庞大，运输繁忙。

正当鲁国人民沉浸在丰收的喜悦中时，齐桓公突然换装了，不再身着鲁绨，而是身着齐帛，齐国上上下下一看自己老

齐桓公脱下鲁绨，改换齐装，国民纷纷效仿，让鲁国陷入被动

大支持国产、钟爱齐帛，于是纷纷脱掉鲁绨换齐帛。齐帛，就是齐国的国产棉布。

就这样，鲁绨成了滞销产品。

可怕的是，鲁国老百姓为了生产鲁绨，耽搁了生产粮食，鲁国陷入粮荒，粮价陡涨十倍。

更可怕的是，虽然齐国粮价依然低廉，但是管仲严禁出口，齐国已经控制了粮食，鲁国有钱买不到粮。

谁控制了粮食，谁就控制了人口，《管子》曰："鲁之民归齐者十分之六。"

这就是中国历史上最早的贸易战争。管仲如法炮制，先后对楚国和代国发动了同样的贸易战争，只不过中间商品从鲁绨，换成了楚国的麋鹿和代国的狐皮，楚人和代人也纷纷归齐，实现了管仲提出的"国多财则远者来"的人口战略。

齐桓公国富民众，兵强马壮，《管子》称："同甲十万，车五千乘。"

第四章

此时的周天子

1.五大夫之乱

周釐王在位只有五年就驾崩了,儿子姬阆继位,是为周惠王。

此时,年过半百的百里奚流浪到了成周,给周王室养牛,只不过没有多久,就在好朋友蹇叔的劝说下远走他乡。

三年前,北杏会盟就已经成就了齐桓公诸侯一哥的地位,但是周惠王不予承认。

《史记》载:"惠王十年,赐齐桓公为伯。"

意思是直到十年后,周惠王才不得已承认了齐桓公诸侯霸主的地位,这里的"伯"不是指爵位中的三等伯爵,其实这时候齐国已经贵为二等侯爵,这里的"伯"通"霸"。

周惠王之所以继位之初不予承认齐桓公为诸侯一哥,只因为一场政变,史称五大夫之乱,又因为这场政变的主角是王子颓,因此又被称为王子颓之乱。

事出有因,因在周惠王。

周惠王自恃国民干爹,在贪财享乐方面继承了他亲爹周釐王的基因。周釐王的生财之道就是受贿,曲沃代翼、晋武公转正,就是大量行贿周釐王的结果,但是周惠王的生财之道升级了，开始打劫。

周惠王打劫的对象还不是外人，而是自己手下的五位大夫。

周惠王想修个野生动物园娱乐一下，想搞个花园放松身心，都是没地没钱，这只能怪东周王朝的父辈们太败家，遗产甚少。

怎么办，羞答答地吃拿卡要解决不了这个问题，只能走短平快路线，于是周惠王直接抢了。正好有五位大夫的田园房产靠近周惠王，这五位大夫分别是：蔿国、边伯、祝跪、子禽和詹父。这五位仁兄除了位高权重之外，在历史上没有留下任何文化遗产，所以这里就干脆笼统地称之为"五大夫组合"。

周惠王直接把"五大夫组合"的田园房产据为己有，如果按照"普天之下，莫非王土"的信条，那么周惠王的这次打劫就应该算是"私有资产国有化"。

能和周天子成为隔壁邻居的，那绝对算得上是既富且贵，近臣加重臣，外加世袭元老级别的人物，结果这"五大夫组合"携手造反，并且推举了周惠王的叔叔作为后备周天子，准备取代周惠王。

这位周惠王的叔叔就是姬颓，"颓"是颓废的"颓"，无论古代还是现代，"颓"字都是"倒塌、衰败、意志消沉"之意，所以这名字放在古代或是今天，无论看起来还是听起来都不吉利，文盲听起来音同"鸡腿"，稍有文化的人一看就知道爹妈寄希望这孩子吃喝耍乐。

史上习惯称姬颓为王子颓，他曾经作为上一代周天子的候选人，因为王子颓的生母姚姬受宠于周庄王，周庄王爱屋及乌，也有心让王子颓取代嫡长子周惠王，但是周庄王想到自己就曾深受弟弟王子克祸害，不想下一代重蹈覆辙，最后一刻还是放弃了这种念头。

周庄王死了，但是王子颓贼心不死。

正好这"五大夫组合"中的核心人物蒍国是周庄王指定给王子颓的老师，所以老师蒍国和学生王子颓勾搭造反，实属正常。

就这个"5+1"组合要和现任周天子明刀明枪干仗，显然有点弱，周惠王手下毕竟还有一支半死不活的成周八师。

于是，王子颓又拉上了一直受周天子盘剥的苏国，苏国因为贱为五等子爵，所以《左传》称苏国老大为苏子。周天子一直不待见苏子，隔三差五修理苏国。周平王时期，苏国终于忍无可忍，揭竿而起，从此苏国和周天子结下了梁子。

敌人的敌人就是朋友，苏国和王子颓走到了一起。

所以，现在周惠王的敌人变成了"5+2"组合。

结果很尴尬，这个"5+2"组合还是干不过周惠王的成周八师，虽然成周八师已经今非昔比、名存实亡。

王子颓仓皇逃窜到了苏国，古称温地，也就是现在的河南省温县。

"5+2"组合继续寻求支持，联络盟友。这次找到了卫国，卫国的时任当权者还是卫惠公，就是卫宣公和宣姜所生的小儿子公子朔。早年，公子朔是在舅舅齐襄公的帮助下，赶走了公子黔牟才登上国君大位的。公子黔牟被周惠王的爷爷周庄王收留了，所以卫国和周天子也结下了梁子。

还是那句话，敌人的敌人就是朋友，卫国也和王子颓混成了队友。

卫国还有一个传统盟友南燕国，自然也加入了这支队伍。

这时候，周惠王的敌人扩大到了"5+4"组合：五大夫、王子颓、苏国、卫国和南燕国。

2.郑国看好这笔风投

公元前675年,也就是周惠王二年,鲁庄公十九年,周惠王被王子颓率领的非常"5+4"组合打败了。周惠王虽然保全了性命,但丢失了王位。这年冬天,王子颓就职东周王朝第六任周天子。

隔壁的郑国看不下去了,因为卫国和南燕国从郑庄公时代起,一直都是郑国的传统冤家,今天卫国和南燕国把王子颓捧上天,明天王子颓就能把卫国和南燕国在春秋舞台上捧红,如果卫国红了,那郑国岂不凉了?

还是那句话,敌人的敌人就是朋友,现在下岗的周惠王,就是郑国非常看好的一笔长期风投项目。

郑国当家的是郑厉公,也就是以前的公子突,在战场上和卫国、南燕国都交过手,而且是常胜专业户,所以信心满满赶到王城,准备充当这场"五大夫之乱"的危机调解人。

按照常理,这时候应该出场的是诸侯一哥齐桓公,齐桓公自诩春秋警察,"尊王攘夷",现在周惠王都被人怼下岗了,急需尊王勤王。

但是,齐桓公袖手旁观,我自岿然不动。

齐桓公为何不救周惠王？按照常理，以齐桓公和管仲的精明，绝对嗅得出此时搭救周惠王，将会是一桩千载难逢的政治投资。

这是一桩想解也解不开的历史之谜。总之，这次投资机会被郑厉公抢先了，而事实证明郑国这次做了一桩大买卖。

郑厉公这次跨国调解可谓费心，自带兵马钱粮，常驻成周洛邑，从春季搞到夏季。但是，对于郑厉公的调解，"5+4"组合态度强硬：老子不吃这一套。

最后，这位调解人被激怒了，直接抓人。《左传》记录："执燕仲父。"

抓人归抓人，"5+4"组合拒绝合作，吃到嘴里的鸭子总不能再放生吧。郑厉公无奈只能拉扯上周惠王一行回到郑国，安顿在自己曾经流亡多年的栎地。当年郑厉公就是盘踞在栎地多年，拉起来了一个郑国流亡政权，韬光养晦，等到祭仲死了之后，这才杀了弟弟公子婴上位，复辟成功。现在栎地也成了周惠王流亡政权的复辟基地。

栎地虽然是郑国的别都，在当时也算得上是国际大都市，但比起自诩世界中心的洛邑王城，还是差距不少，特别是在日常起居、吃喝拉撒的器皿用具方面，完全赶不上王城档次，这让周惠王觉得很掉面子。总不能让堂堂周天子（虽然下岗了）端着侯爵级别的酒杯去喝酒，这不就是礼崩乐坏？愧对列祖列宗。

  郑厉公也很无奈，周天子平日里使用的宝器他不敢私自囤积，如果郑厉公都有那玩意儿，岂不是也礼崩乐坏？

  没办法，这玩意只有洛邑有，还得去抢。于是，《左传》载："秋，王及郑伯入于邬。遂入成周，取其宝器而还。"

  宝器取回来了，暂时满足了周惠王的日常起居，但是如果长此下去，天天让郑国把周惠王当作亲爹供着，郑厉公这笔生意不就赔本了？

3.周惠王复辟成功

有困难,找警察,当下的齐桓公就是春秋警察。

按道理,这时候郑厉公找齐桓公会盟,举办个诸侯年会,共同商量一下勤王复辟之事,有着齐桓公高举"尊王攘夷"的大旗,完全可以让周惠王风光复辟。

但是,由老一辈春秋小霸郑庄公和齐僖公亲自缔结的齐郑同盟关系出问题了。

这事还得扯上楚国。

楚国此时已经不是楚武称王时期的人小心大,而是当下的国大心大,并且心向中原,郑国就成了楚国挺进关中的跳板。从这时候起,郑国的位置就从四战之国变成了挨揍之国。

惦记郑国的有两个,一个是齐国,一个是楚国,两个都有称霸之心,郑国就成了博弈之地,跟着齐国混,楚国不答应,跟着楚国混,齐国不答应。

在"五大夫之乱"的两三年前,《左传》记载:

> 鲁庄公十六年秋,楚伐郑,及栎,为不礼故也。
> 鲁庄公十七年春,齐人执郑詹,郑不朝也。

楚国和齐国轮番修理郑国，郑国左右为难。

在这种尴尬的背景下，郑厉公才放弃了与齐桓公的合作，准备自谋出路，紧抱周惠王的大腿。

就凭郑国单打独斗，想扳倒这个"5+4"组合，送周惠王复辟，郑厉公有点力不从心，再三权衡，郑厉公找到了虢国寻求合作。

这个虢国，只能是南虢国。小虢国在十年前让秦武公给灭了。西虢国早就被郑武公灭了，已经退变成北虢国，世仇不过三代，所以北虢国不可能和仇人的孙子郑厉公合作。

从西虢国迁徙到南虢国，国君享受的一直是一等公爵待遇，因为史书对从虢公林父之后到末代虢公丑之间的世系没有名字记录，所以这里只能称作虢公。虢公序列一直是周王朝政坛上的一棵常青树。

正好，这年冬天王子颓狠狠地显摆了一下，隆重庆祝本届周天子继承大统一周年（去年冬天上位），邀请五大夫组合连日酒宴，彻夜笙歌，把前朝各个时代的歌舞统统编排，大张旗鼓地表演助兴。

这是史无前例的，本来王子颓就是篡位上台，名不正言不顺。显摆必然是要付出代价的。

现任周天子隆重集会，虢国肯定要派人参加，这次派出的是二把手,《左传》称之为虢叔,之所以虢公没有亲自参加,很显然是对王子颓篡位不满。

郑厉公的机会来了,找到虢叔进行游说。《左传》这样记录:"奸王之位,祸孰大焉?临祸忘忧,忧必及之。盍纳王乎?"

总之而言,兄弟,这家伙就是个冒牌货,正牌在我手里,干掉他,这桩买卖做成了,好处有的是。

再加一句:虢公家族一直是周王朝政坛上的一棵常青树,怎么也轮不到这个"五大夫组合"走红。

虢叔回国汇报虢公。《左传》记录:"虢公曰:'寡人之愿也'。"

于是,第二年的夏天,郑国和虢国兵分两路杀到洛邑王城,王子颓和"五大夫组合"一同被杀,周惠王复辟成功。

胜利分赃,周惠王将周平王时期从郑武公手里收回的虎牢关以东的土地,重新赏赐给郑国,把酒泉之地赏赐给虢国。当然这个酒泉肯定不是现在的甘肃酒泉,除非虢公的脑子进水了,否则不可能接受这么一块千里之外的飞地。

当年郑武公就是因为太高调,被周平王收回虎牢东地,所以,实践证明,做人不能太高调。

也在这一年,文姜和郑厉公撒手人寰。

4.齐桓公被晾了好几年

历经"五大夫之乱",郑国和虢国都捞到了好处,齐桓公却被周惠王晾了好几年。

齐桓公一直自诩"尊王攘夷",危急时刻,齐桓公却视而不见,所以周惠王迟迟不对齐桓公的霸主地位给予官方认证,你称霸、我做王,反正,你搞你的,我搞我的。

司马迁说:"四海迭兴,更为伯主。"

贾谊说:"五伯征而诸侯从。"

司马迁还有一句:"政由五伯。"

所以,"伯"就是一个实权派,影响力在周天子之上。

这里的"伯"通"霸",但又不同于"霸"。春秋五霸是历史上的认可,而五伯是当时周天子的认可,需要赐封程序,昭告天下。周天子赐封的不可以称作"霸",只能称之"伯"。否则他称王、你称霸,没大没小,周天子的脸面不保。

《史记》记载周天子赐伯五个,分别是:

齐桓公,《周本纪》:"惠王十年,赐齐桓公为伯。"

晋文公,《晋世家》晋文公五年五月丁未:"天子命王子虎命晋侯为伯。"

秦缪（穆）公，《秦本纪》孝公元年载："昔我缪公……天子致伯，诸侯毕贺。"

越王勾践，《越王勾践世家》："周元王使人赐勾践胙，命为伯。"

秦孝公，《秦本纪》秦孝公："十九年，天子致伯。"

因为周天子曾经赐伯给五位大佬，所以历史上才出现了"春秋五霸"的说法。但是史书记载春秋五霸的版本多达八种，其中司马迁、荀子、墨子的说法当属权威，按照得票多少，霸主头衔基本上集中在以下七位：

齐桓公、晋文公、秦穆公、楚庄王、宋襄公、吴王阖闾、越王勾践。

其中齐桓公和晋文公全票当选，霸之无愧，其他几位各有千秋。按理说应该叫作"春秋七霸"比较符合历史事实，但就是因为周天子曾经赐伯五位，也就是说周天子画了个圈，确定了只有五个霸权指标，而周天子即使混得再差，代表的也是官方，所以即使霸主再多，也只能竞选"春秋五霸"。

齐桓公虽然是霸主之首，但是周惠王赐伯齐桓公，却一直推迟到周惠王十年。

你小子牛归牛，老子就是不承认，你能拿我怎么办？

所以，在周惠王初期，齐桓公虽然打着"尊王攘夷"的旗号，但并不尊王，这个霸和那个王之间处于冷状态，主要是这两个人的气场不和，道不同不相为谋。

周惠王如果放在今天，那就是典型的腐败分子，为了自己享乐，可以不顾周天子的脸面，直接抢占属下臣子的家园田产；为了装出周天子的威严，不惜让郑厉公带兵杀回洛邑，取回周天子的日用家当（史书称之为宝器）供自己使用。

相反，齐桓公虽然不是周天子，但心怀天下，履行着周天子的职责。齐国与他国礼尚往来，他国送来鹿皮，齐国赠予豹皮；他国以狗相赠，齐国还之以马。

《管子·中匡》记载：管仲当政理财，齐国政府的开支三分之二用作了公关，三分之一用作齐国政府运作。于是管仲诚惶诚恐地报告齐桓公，向老板谢罪，结果齐桓公却表扬管仲之举："粟尽则有生，货散则有聚。君人者，名之为贵，财安可有？"

这架势就是在告诉管仲：钱无所谓，老子的形象才是关键。

5.周天子终于认证了

齐桓公和周惠王一直就不对眼,所以,周惠王被人欺负,齐桓公依然不理不睬:老子提倡尊王,但不一定只尊你一个周惠王。

经过"五大夫之乱",形势偏向了齐桓公这一边,原因是周惠王有点作。

话说周惠王复辟成功,肯定要显摆一下,这是人之常情。平定"五大夫之乱",郑厉公是头功,所以就先和郑厉公搞了一个庆功宴,歌舞助兴,把酒言欢。席间周惠王除了赐郑国虎牢关以东之地,还赏赐给郑厉公本人一件奢侈品,腰间挂饰,史书称之为鞶鉴(pánjiàn),类似于小小铜镜,穿于腰带,铜光闪闪,彰显富贵,而且这枚鞶鉴出自王后,属于王室级别,皇家用品。

接着,周惠王又以天子身份,巡视了一下虢国(当然还是南虢国)。虢国一哥表现得非常积极,在玤地专门为周惠王修建了千宫,以最高规格接待了这位国民干爹。春秋玤地位于今天河南三门峡市渑池县境内,黄河之南,属于南虢国地界,也符合历史记录。

周惠王有点飘,也很给虢国面子,小住一个季度之久,并且以赐地的方式表彰虢国勤王平乱。

当然,赐地是虢国应得,毕竟虢国这么做不是为了做好事。

这时候,虢公和周惠王也混熟了。有一天,周惠王和虢公在派对宴会上喝高了,趁着酒兴,这位虢国一哥直接向老板周惠王索要纪念品。

老板一高兴,就直接把周天子御用的青铜酒器打赏给了虢公。

青铜酒器那可是周天子的祭祀礼器。春秋时期,国之大

周惠王区别对待,厚此薄彼,郑厉公心里不平衡

事,在祀与戎,所以祭祀是国家头等大事。祭祀礼器的档次决定祭祀的规格,虢国要用周天子的青铜酒器祭祀先祖神灵,列祖有光、神灵显圣,如果用来斟酒宴宾,蓬荜生辉。

周惠王赏赐给郑厉公的鞶鉴和赐给虢公的礼器相比,虽然都是金属制品,但这相当于送给了郑厉公一个奢侈品牌包包,颁发给了虢公一枚奥运金牌。

这一下出事了,郑厉公不干了。这次勤王平乱,郑国是主角,虢国是郑国拉来的配角,周惠王流亡郑国栎地整整一年(从鲁庄公二十年夏到二十一年夏),那可都是郑国供养,换来的结果却是周惠王用御用礼器赏赐虢公,用腰间挂饰打赏郑厉公。

郑国感觉被打脸了。

郑厉公在当年五月就死了,儿子姬踕上位,是为郑文公。郑文公依然不爽,几十年之后,这点瓜葛差一点送走了下一位周天子的小命。

《左传》鲁庄公二十一年记载:"郑伯由是始恶于王。"

《左传》能够如此特写,说明这个梁子结大了,周惠王仅有的两个铁杆粉丝,郑国和虢国,现在只剩下一个了。

郑国自从郑庄公驾鹤西游,就从一等序列沦落到了二流诸侯,成为夹在齐、楚、晋、宋争霸赛场上的陪练,这个四战之国成为列强厮杀的缓冲地带。

现在既然和周天子也闹掰了，退路只有一条，就是投奔江湖大哥齐桓公，而且这次是拉着陈国一起投奔。

鲁庄公二十七年夏六月，齐桓公发起了幽地（今河南兰考）会盟，鲁国、宋国、陈国、郑国应邀参加，目的只有一个，《左传》交代得非常清楚："夏，同盟于幽，陈、郑服也。"

陈国、郑国也彻底投入齐国的怀抱，此时的陈国一哥陈宣公身兼周惠王的岳父，周惠王曾经的铁杆粉丝郑国和岳父大人陈宣公，现在都变成了齐桓公的粉丝。

周惠王还有一个粉丝——虢国，此时正在和晋国拉锯，接下来将自身难保。

万般无奈之下，周惠王顺应潮流，准备跟着诸侯一哥齐桓公混世界。

幽地会盟刚过，周惠王就差遣周、召、虢三大政客家族之一的召伯廖出使齐国，赐齐侯为伯，相当于无冕之王，作为交换条件，齐国代王伐卫，当年卫国跟随"五大夫组合"造反，这个仇周惠王念念不忘。

这一年是鲁庄公二十七年，公元前667年，正好是周惠王十年。

随着被周天子以赐伯的方式进行官方认证，齐桓公迎来了自己称霸以来的高光时刻。

此时的卫国一哥是卫惠公姬朔之子姬赤，史称卫懿公，其实"卫懿公"这个谥号用在姬赤身上是名不符实，现实版的卫懿公就是一个"我死后哪管他洪水滔天"的昏君，骄奢淫逸，不理朝政，因为好鹤亡国。之所以获得这个褒谥，是因为姬赤死得让人可怜——被北方赤狄杀了。

像卫懿公这种荒淫无度的一国之君，本来就和齐桓公气场不和，虽然卫懿公是齐桓公妹妹宣姜的孙子，但也是齐桓公制裁的对象。而且姜小白早就对卫国非常不爽，因为卫国曾搅黄他的一场男女好事。

司马迁在《史记》中强调：齐桓公好色，偏偏卫国就出了一位才色兼备、闻名诸侯的大美女，而且这位美女情操高尚，被历史追认为地球上第一位爱国主义女诗人。这位大美女对齐桓公也表现出了浓厚的仰慕之情，美女配英雄，算得上人间绝配。齐桓公当然也不想让这种人间尤物花落旁家，于是也通过外交途径前去提亲。谁料想，半路上杀出来个许国，要和堂堂诸侯一哥齐桓公竞选。卫国竟然不给齐桓公面子，来了一场公平竞标，价高者得，结果许国抛出重金，娶走了齐桓公的梦中女神，这就是历史上著名的许穆夫人。

所以，周惠王提出以封伯为条件，换取齐国修理卫国，齐桓公立即拍板：成交，早就想这样干了。

第二年，齐国出兵伐卫，卫国挨了一顿毒打之后认输求饶，交出大量财物作为战争赔款，齐国这才休兵回国。

齐桓公总算来了一回公报私仇，但他和许穆夫人之间的历史大戏才刚刚开演。

第五章

伐戎救燕

1.戎人是匈奴的祖先

《管子·轻重甲》记载：桓公曰："四夷不服，恐其逆政游于天下而伤寡人。"

这才是齐桓公"攘夷"的真正目的：四夷不服而伤寡人。

四夷泛指区别于华夏族群的野蛮人，通常包含东夷、南蛮、西戎、北狄。"华夏"一词最早见于《尚书·周书·武成》："华夏蛮貊，罔不率俾"，意指隶属于周王朝序列的诸侯臣民，沐浴在周礼之下，自恃礼仪之邦，雅称为夏，服饰华美，谓之为华，所以统称华夏。

冰冻三尺，非一日之寒，"四夷不服而伤寡人"的概念，萌芽于齐桓公的少年时期。公元前706年，也就是鲁桓公六年，北戎越过燕国，对齐国这个新兴土豪横打竖抢，幸亏郑国太子忽率领诸侯联军解围平戎。公子小白幼小的心灵里，早就对外族种下了仇恨。

北戎，还有四夷等野蛮人，除了土匪，还是土匪。

凡事要从娃娃抓起，信念也是如此，当一个懵懂少年，目睹了侵略者对自己的家园屠杀劫掠，长大以后他就很可能成为一名保家卫国的英雄。齐桓公也是这样，从小耳濡目染，一个英雄就这样诞生了。

孔子曾经称赞管仲是华夏文明的守护者，原话是"管仲相桓公，霸诸侯，一匡天下，民到于今受其赐。微管仲，吾其被发左衽矣"。

意思是没有管仲辅佐齐桓公，我们会沦落成为"被发左衽"的野蛮人，华夏文明也可能会荡然无存。

但是孔子只说对了一半。的确，在春秋初期，野蛮人中的戎狄已经成为华夏文明的最大威胁，平王东迁的主要原因就是躲避犬戎侵扰，但是，齐国称霸、抗击戎狄的主角是齐桓公，管仲只是配角，齐桓公好比是团长，管仲是政委，仗打赢了，头功当然归团长。

齐桓公抗击戎狄的第一枪在公元前664年冬季打响。

这一年是齐桓公二十二年、鲁庄公三十年、燕庄公二十七年。燕国挨了北戎一顿毒打，几乎灭国。

燕国挨揍的原因和西边的秦国有点相似，都是因为地缘政治。周武王当初把三公之一的周召公封在燕国，本来指望燕国能够看住周王室的北大门，周平王让秦人在西边位列诸侯，也是希望抗击西戎，让秦国替周天子扛揍。

但是，燕国的灵魂人物——召公序列，全部挤在宗周镐京搞政治，远在北方的燕国，从西周到东周前期，越混越差，而且天高皇帝远，差点脱离了周王朝序列。

《史记》载:"使燕共贡天子,如成周时职;使燕复修召公之法。"

这段话说在伐戎救燕、胜利归来之时,齐桓公规劝燕庄公重修召公法制,进贡周天子,说明在这之前,燕国已经和周王室若即若离,好久不认这个爹了。

所以,燕国挨揍,没有向周惠王报告,而是直接向诸侯一哥齐桓公求救。齐桓公当仁不让,承诺出兵救燕,先和鲁庄公在鲁国的济水(古水名,现已消失)河畔,召开了一个非正式会议,因为南边的楚国对中原虎视眈眈,也在不断地骚扰郑国,挑衅齐桓公诸侯一哥的地位,不得不防。《左传》清晰地记载了会议主题:"谋山戎也,以其病燕故也。"除此之外,史书上再没有记录此次会谈成果,但凭借第二年齐桓公胜利归来,隆重向鲁国献上戎捷之礼来推断,鲁庄公必定给予齐国大力支持,最起码要郑重承诺:老大,你就放心上前线吧,家里的事有我在。

燕国挨揍,并非偶然,因为在这之前,燕国东北的两个小弟孤竹国和令支国已经投戎叛变,燕国早已经唇亡齿寒。

孤竹国,曾经的北方大国,叔齐伯夷的祖国,幅员辽阔,历史悠久。

令支国,也称离枝,今天的河北迁安、迁西、滦州北部地区。

北宋乐史编著的《太平寰宇记》载：辽宁省朝阳地区"殷时为孤竹国，春秋时为山戎之地，战国时其地复属燕"。

虽然辽宁省朝阳地区离孤竹国的统治中心河北省卢龙县还有二百多公里的直线距离，但这可以佐证孤竹国在春秋时期已经沦落为山戎的附庸，令支也是如此。

说到这里，顺便交代一下山戎。

按照《史记·匈奴列传》记述，史书上出现的山戎、条戎、犬戎、北戎、西戎、徐戎、赤狄、白狄、北狄等，都是匈奴民族的前身，与华夏民族最大的区别在于："苟利所在，不知礼仪。"因此，大家混不到一个圈子里。

狄戎打仗来去如风，不讲作战礼仪

虽然这群人组织涣散，但是伤害性很强。原因说起来很有趣：这帮家伙是穿裤子的，从小骑羊，长大了骑马，精于骑马射猎。中原华夏民族穿的是上衣下裙，所以华夏民族和戎人打仗，基本上就是穿裙子的和穿裤子的干架。而且这群人打仗不讲武德，作战不讲礼仪，有好处就捞，打不赢就跑，完完全全就是土匪斗地主的招式。

但就是这么一群土匪，长期以来，让周天子以及诸侯列强头痛不已，周幽王就是被犬戎所杀，这次倒霉事又摊到了燕国头上。

2.赠人玫瑰，手留余香

齐桓公这次应燕国之请北征山戎，可谓阵容强大，除了管仲，还带上了被称为"桓管五杰"之一的隰朋，隰朋是朋氏鼻祖，擅长外交，精于辞令，显然，这位诸侯一哥北征山戎，采取的是七分打仗、三分政治。

根据《左传》记载，齐国这次北伐是冬去春归，但是《韩非子》记录的却是春往冬返，当然还是《左传》的可信度略高一筹。

正如所愿，齐桓公大获全胜，不但解了燕国的燃眉之急，而且继续向北追击，把已经沦为山戎附庸的孤竹国和令支国彻底荡平，国祚九百多年的孤竹古国就此消失在茫茫历史之中。齐国开山鼻祖姜子牙从周武王的刀下救回了叔齐伯夷兄弟二人，但是姜子牙的后裔齐桓公最终亲手踏灭了叔齐伯夷的祖国，姜子牙是义举，齐桓公相当于锄奸。

关于这次战争的细节，史书记录草草，还好，《韩非子》道出了两则故事，足以说明齐军无畏、战事艰苦。

一则是歌颂管仲，《韩非子·说林上》记录齐桓公北征："……迷惑失道。管仲曰：'老马之智可用也。'乃放老马而随之,遂得道。"

这就是成语老马识途的来历。

二则刻画隰朋,同样是《韩非子·说林上》记录:"行山中无水,隰朋曰:'蚁冬居山之阳,夏居山之阴,蚁壤一寸而仞有水。'乃掘地,遂得水。"

这就是春秋版的野外生存秘笈之"寻蚁求水"。

虽然史书对于这次作战详情记录粗犷,但是对于齐桓公的仗义豪爽却不惜笔墨。话说齐桓公凯旋,燕庄公自然感激不尽,为表达一下相见恨晚的肺腑之情,亲自一路相送,依依惜别,不知不觉送出国境,进入齐国。按照周礼,诸侯相送不出境,齐桓公立刻侠气冲天,直接将与燕庄公临别之地,大手一挥赠与燕国,这气魄,要不吓死老大,要不就非当老大不可。

所以,以后友朋相送,能送多远就送多远,很有可能获得意外惊喜。

当然,赠人玫瑰,手留余香,司马迁对此特书:"诸侯闻之,皆从齐。"至此,齐桓公已经代替了周天子的功能,站在了食物链的最顶端。

除此以外,齐桓公北伐山戎,还给华夏民族带回了意外收获,直至今天还在影响着山东省的经济。《管子·戒》记载:"北伐山戎,出冬葱与戎菽,布之天下。"冬葱就是今天的山东大葱,至于戎菽是什么,则众说纷纭。

3.华夏文明的捍卫者

伐戎救燕这事不能就此而终,因为齐桓公此次北伐山戎,以及接下来一系列的攘夷之举,对于改写世界四大文明古国的存续发展,产生了深远的影响。

两千多年以后,梁启超将古巴比伦、古埃及、古印度和中国列为世界四大文明,这种说法也得到了普遍共识。其中,除了中国以外,其他三个文明一定要以"古"字修饰冠名,因为古巴比伦并不等同于今天的伊拉克,古埃及也不是今天的埃及,古印度也不是今天的印度。这三种文明早已被外族武力侵蚀,消失在茫茫历史之中,只有中国还是那个两千多年以前的中国,字还是汉字,姓还是那个百家姓。

与其他三种文明同期共存的华夏文明,也曾遭受蛮族入侵,这就是管仲所指的四夷:东夷、南蛮、西戎、北狄。其中东夷在殷纣王大举东征中给予了沉重的打击,东边是海,后退无路,逐渐归化,融入华夏。在周昭王两次南征下,南蛮也被扫荡得不成气候,最后被荆楚老大楚国收编,然后手拉手共同迈向华夏文明。只有西戎和北狄,都是游牧民族,逐水草而生。戎狄穿裤子的历史早于华夏民族,擅长骑马射箭,来去自如，可以和华夏民族较量高下。戎狄又拥有北方广袤的大后方，生存空间大，逐渐形成了对中原华夏文明的主要威胁，而且这种威胁在中国历史上持续不断。

这种文明之间的冲突，最初表现就是穿裤子的和穿裙子之间的单纯干架，后来演变成游牧文明和农耕文明的全方位较量。

中国文明是四大古文明中唯一没有被灭亡的，持续至今，齐桓管仲在存亡之际扭转败局，对此起到了一定作用。

此次北伐远征，是周王朝开张以来，最为辉煌的一次伐戎之战。以往伐戎，规格高大上的当数周穆王御驾亲征，那时周天子威名还如日中天，但是远征战果也只是猎杀了四只白狼和四只白鹿，相当于率千军万马打了一回猎。能称得上辉煌战例的当数《竹书纪年》记载的周夷王七年"虢公帅师伐太原之戎，至于俞泉，获马千匹"。再一次续写辉煌的就是公元前706年，郑太子忽在齐国城下提回了三百颗戎匪首级。

齐桓公所处的春秋时代，周天子已经成了光杆司令，中原列强一盘散沙，此时的华夏文明中提倡重礼轻杀，所以戎狄趁机坐大，世界四大文明古国之一的中华文明再次受到了外族侵袭的威胁。

齐桓管仲挺身而出，打出尊王攘夷的旗号，因此齐桓管仲才被圣人孔子赞誉为华夏文明的捍卫者。

在中国历史上，这一节课我们应该补上。

第六章

庆父不死，鲁难未已

1.齐姜美女圈

《左传·闵公元年》记载,齐国大夫仲孙湫访问鲁国归来后曾感慨:"不去庆父,鲁难未已。"

庆父身份复杂,身兼多职:鲁桓公的庶长子、鲁庄公的庶弟、鲁国三桓家族之一——孟孙氏的创始人,孟子的先祖,孟姓始祖。庆父死后谥号共仲,所以《左传》中常以共仲相称。这位仁兄还有一个身份招摇历史,那就是哀姜的情人。

哀姜是时任鲁国一哥鲁庄公的夫人,是齐姜美女系列中的又一位新星,司马迁认为哀姜是齐桓公之"女弟",女弟意为女性弟弟,不是现在意义上的男闺蜜,而是齐桓公的妹妹,那也就是齐僖公的女儿。

对于哀姜的出身,后世不太认同司马迁的说法,原因是哀姜在鲁庄公二十四年成为鲁庄公夫人时,齐僖公已经在二十七年前去世,即使哀姜是齐僖公的遗腹女,那也二十有七了,在古代,这个年龄基本上属于中年妇女了,堂堂鲁庄公娶回一个中年妇女做夫人,情何以堪。

所以,桓公女弟说法并不靠谱。

哀姜极有可能是齐襄公姜诸儿的女儿。因为哀姜和鲁庄公的婚事是老妈文姜促成的，文姜让自己的儿子娶了老情人的女儿，这种案例在历史和现实生活中，数不胜数。哀姜最终死在齐桓公手里，所以哀姜是齐桓公亲生女的可能性也不大。公子纠因为没有国君之名，即使女儿嫁给鲁庄公，没有公主名分也做不了正妻，况且公子纠就死在鲁庄公手里，不可能杀了老爸再去娶回人家闺女做老婆。

那么，就只有一种可能，哀姜是齐襄公的女儿。

齐姜美女系列在春秋初期可谓阵容庞大，领衔美女庄姜，齐桓公的姑姑，才色双绝、品貌兼具，被孔子誉为"绘事后素"；晋文侯的夫人（晋姜）和母亲都是齐国公主，相夫教子，可谓典范；齐桓公的姊妹宣姜和文姜以及侄女哀姜，绯闻不断，祸国殃民，闻名春秋；晋献公的夫人齐姜也是来自齐国的一位公主。

草草梳理了一下，发现这一段历史名人多半都与齐姜美女相关。

文姜出嫁，齐僖公破除迷信、打破周礼，亲自送出国门；哀姜出嫁，鲁庄公也要打破传统，以示自己的老婆高人一等。

鲁国一哥的头牌夫人跨国嫁到，而且娘家又是春秋巨无霸，鲁庄公同族大夫的老婆们自然要捧场祝贺。按照惯例，见面礼准备一些红枣、榛子、栗子之类的就可以了，寓意开枝散叶、早生贵子。谁料到这些贵妇们出于敬畏哀姜的权势，把一

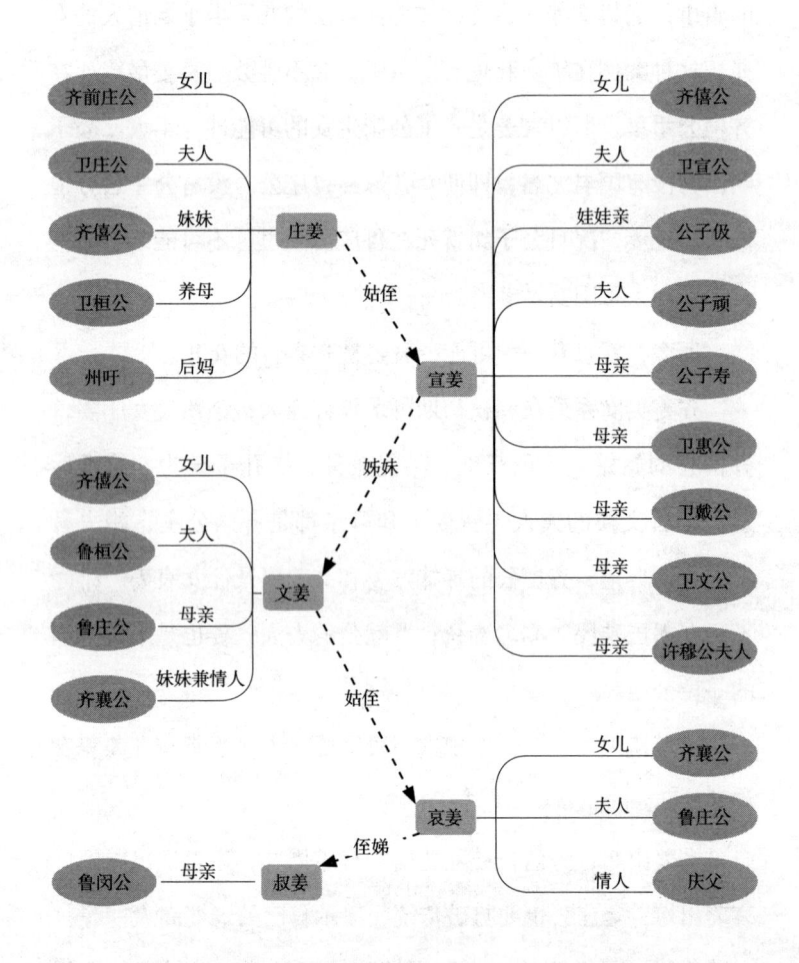

齐国美女关系图

- 齐前庄公 —女儿— ┐
- 卫庄公 —夫人— ┤
- 齐僖公 —妹妹— ┼— 庄姜
- 卫桓公 —养母— ┤
- 州吁 —后妈— ┘

庄姜 —姑侄→ 宣姜

- 宣姜 ┬—女儿— 齐僖公
- 　　 ├—夫人— 卫宣公
- 　　 ├—娃娃亲— 公子伋
- 　　 ├—夫人— 公子顽
- 　　 ├—母亲— 公子寿
- 　　 ├—母亲— 卫惠公
- 　　 ├—母亲— 卫戴公
- 　　 ├—母亲— 卫文公
- 　　 └—母亲— 许穆公夫人

宣姜 —姊妹→ 文姜

- 齐僖公 —女儿— ┐
- 鲁桓公 —夫人— ┤
- 鲁庄公 —母亲— ┼— 文姜
- 齐襄公 —妹妹兼情人— ┘

文姜 —姑侄→ 哀姜

- 哀姜 ┬—女儿— 齐襄公
- 　　 ├—夫人— 鲁庄公
- 　　 └—情人— 庆父

哀姜 —侄娣→ 叔姜

- 鲁闵公 —母亲— 叔姜

齐国美女关系图

个喜庆吉祥的祝福场合变成了一个行贿场所，争先恐后用钱币代替红枣栗子，祝贺哀姜夫人新婚大喜、早生贵子。

不知是因为违背周礼，上天惩罚，还是因为少吃了红枣栗子，这位哀姜夫人直到鲁庄公去世，也没捣腾出一儿半女，国母的身份遭到自然淘汰。

但是，出于齐襄公原生态家庭的耳濡目染，哀姜也继承了姑妈文姜的风范，文姜和自己的同父异母哥哥齐襄公男贪女爱，哀姜同样表现不俗，和自己丈夫鲁庄公同父异母的弟弟庆父不清不楚。

2.鲁庄公的继承人

鲁桓公有四个儿子，姬同、庆父、叔牙和季友。鲁庄公姬同和小弟季友是一伙，忠君爱国；庆父和叔牙是一伙，一心篡位。

除了鲁庄公继承国君大位，庆父、叔牙和季友分别创立了把持鲁国朝野二百五十多年的孟孙氏、叔孙氏和季孙氏家族，因为这三个家族共同的先祖是鲁桓公，所以后世称之为"三桓"。

按照伯、仲、叔、季的大小排位次序，庆父死后的谥号叫作"共仲"，所以史书中常以共仲相称。

这位共仲兄天生就不认命，从小立志，此生就要过把国君瘾。

从历史机遇来说，庆父上位的概率不小。假如没有文姜当道，或是鲁桓公没有被齐襄公情杀，庆父很可能走上国君大位。可以想象一下，鲁桓公亲口说了一句："同非吾子，齐侯之子也。"如果鲁桓公能活着回到鲁国，开门第一件事就是要废掉国母文姜和太子姬同，那么取而代之的将是庶长子庆父。

偏偏老天不长眼，庆父还只能做他的庶长子。

哀姜嫁到了鲁国，成为鲁庄公的正妻，或许是出于报复心理，庆父勾引哀姜和自己私通。

哀姜同时期与两个男人有染，都没能孕育出一儿半女，说明哀姜有可能天生不育。但是，古人在传宗接代方面的智慧超出你想象。哀姜作为齐国公主，相当于今天的明星大腕，有些时候是可以使用替身的。关于春秋时期国君夫人床戏替身演员的称呼，有一个专用名词叫作妾媵，相当于民间的通房丫鬟。妾媵专指公主出嫁时的陪嫁侄娣，即侄女或者妹妹，侄娣和公主是有血缘关系的，国君需要时，公主愿意上就自己上，不愿意上就请替身代劳。同样，如果公主不孕不育，妾媵也可以作为第二补救方案。

这种妾媵替身方案是完全符合周礼的，目的就是避免公主不孕不育。

《礼记·曲礼下》："国君不名卿老世妇，大夫不名世臣侄娣。"孔颖达疏："侄是妻之兄女，娣是妻之妹，从妻来为妾也。"

哀姜的替身侄娣史书称之为叔姜，"叔"是辈分，说明排行老三，叔姜就是姜三妹。这位姜三妹不辱使命，完成了哀姜没有完成的任务，为鲁庄公生下一个小继承人，名为姬启，就是后来的鲁闵公。

在哀姜之前，鲁庄公还有一位夫人，《左传》称之为孟任,是鲁国贵族党氏之女。鲁庄公和孟任的结合,属于"窈窕淑女,君子好逑"式的自由恋爱。

某日,鲁庄公饭后站在宫内楼台之上,眺望远方,突然发现宫外街坊党氏家里出入一位窈窕淑女,打听之后得知是党氏之女孟任,于是鲁庄公绕开媒妁渠道,亲自展开求爱攻势。至于鲁庄公和孟任小姐如何谈情说爱,且不议论,但是按照孟任家族这个级别,孟任最多可以在国君床前做个妾,想高攀国君夫人,似乎不可能。可偏偏鲁国一哥甘愿拜在孟任裙下,竟然以夫人之位相许,并且二人割臂盟誓,最终,孟任在叔姜之前为鲁庄公生下一位继承人,名为姬般。

割臂之盟

《左传》记录:"割臂盟公,生子般焉。"这就是成语割臂之盟的由来。

这事发生在哀姜嫁鲁之前,哀姜被史书记录为鲁庄公的正牌夫人,鲁庄公不可能同时拥有两位夫人,史书上找不到有关记录,推测一下,只有两种可能:一是鲁庄公背弃了割臂之盟,孟任没有获得夫人名分;二是孟任早逝,哀姜替补。

但是,鲁庄公一直心怀孟任,想让姬般继位。

除此之外,鲁庄公还曾笑纳了一位须句国公主成风,须句国是风姓小国,鲁国附庸,所以这位成风公主只能委屈在床头做妾,但是她也为鲁庄公生下一位继承人,名为姬申,就是以后的鲁僖公。

3. 庆父不死，鲁难未已

公元前662年，鲁庄公三十二年，齐桓公二十四年，也就是齐国北伐山戎、凯旋的第二年，鲁庄公生命走到了尽头。病危之际，这位垂死之君将有关继承人的议题抛给了两位兄弟叔牙和季友。

叔牙大胆直言：庆父有才，可以兄终弟及。

季友信誓旦旦：舍命推姬般。

鲁庄公没有征求庆父的意见，因为庆父之心，路人皆知，一个连鲁国一哥的女人都敢贪恋的人，还有什么不敢干的？

之所以征求叔牙的意见，就是试探一下，给叔牙一次机会，看来叔牙是铁了心要和庆父混的。

于是，季友以鲁庄公的名义把叔牙约到了同党家中，客客气气地为叔牙准备了一壶毒酒：乖乖地喝了这壶酒，我们还是姬姓兄弟，你算是殉国，你死后，你的家人享受烈士家属待遇，否则，死还是一样的死，但祸及家人、殃及子孙。

结果，叔牙乖乖就范，饮酒自尽，季友也信守承诺，让叔牙创立的叔孙氏家族世袭延续，直到春秋末年，三桓家族攻守同盟，搞走了圣人孔子。

但是，季友除掉的只是犯罪未遂的从犯，主犯庆父正在和情人哀姜窃窃密谋。一场你死我活的宫斗才刚刚开始。

叔牙被逼杀的这一年，鲁庄公也跟着去世了，季友如约扶植鲁庄公前妻孟任所生的姬般继位，历史上称之为鲁君般。

但是，这位鲁君般的脑子好像有点空。

《左传》记录，这位鲁君般在做太子期间，修理过一个小人物，史书称之为圉人荦（Luò），意即名字叫作荦的养马倌，这位荦马倌也似乎有点《西游记》中弼马温的小伎俩，力大如牛，连鲁庄公都知道此人双手可以举起鲁国的城门。在古代，力气代表着生产力和战斗力，大力士基本上就是勇士的代名词，所以这个荦马倌有点飘，把自己当成了草原上的雄狮。在一次姬般主持的祈雨祭祀活动中，荦马倌和当年的鲁庄公瞄上了姬般母亲孟任一样，也在回眸一瞥中瞄上了鲁庄公的女公子。国君之子称公子，国君之女称女公子，杜预注解说，这位女公子乃姬般之妹。

荦马倌很豪放，直接对这位鲁国女公子当面示爱，可惜荦马倌和女公子身份差异太大，相当于狗熊戏鹿，这一下子性质就变了：荦马倌众目睽睽之下调戏堂堂鲁国公主。

于是，姬般也在众目睽睽之下修理了荦马倌，鞭刑伺候，大力士被打得屁股开花，威名扫地。

还是鲁庄公经验老到：还不如杀了他，此人很可能成为第二个南宫万。

不幸的是，鲁庄公言中了，荤马馆这种人可杀不可辱，他被庆父收罗了，专门用来对付鲁君般。还是那句话，敌人的敌人就是朋友。

趁着鲁君般离宫潇洒，在舅舅党氏家过夜，庆父一通神操作，里应外合，让大力士荤马馆把鲁君般给杀了。

借刀杀人，这出戏需要一定的技术含量。

刺杀现任国君，无论成功与否，无疑都是死罪，而且极有可能要死一大家子。庆父要说服荤马馆冒如此大的风险刺杀鲁君般，这非一般的高难度，除非有两种可能性——

一种就是庆父给荤马馆吃了定心丸：兄弟，姬般死了，我就是鲁国一哥，我保你以后吃香的，喝辣的。

另一种可能就是荤马馆吃错药了。

这时鲁君般才刚刚继位两个月，老爸鲁庄公还未下葬，鲁国上下又得开始忙活这位小国君的葬礼，鲁君般死得太仓促了，历史上根本无法腾出时间安排他的纪年，所以也就没有谥号，好歹他也在国君大位上坐过，所以称之为鲁君般。

鲁国一哥的命都保不住，此时的季友凉到了后背，于是亡命陈国，因为陈国是季友的姥姥家。

命才是革命之本。

死的死了，跑的跑了，但是鲁国一哥的大位还是没有轮到庆父坐。鲁国是个礼仪之邦，朝野体制健全，一切还得按照规矩来，太子死了，还有一个继承人姬启，虽然年幼（顶多八岁），但是级别高人一等——他是鲁庄公现任正妻的侄娣叔姜生的，叔姜虽然是替身，那也代表的是哀姜，所以鲁国上下一致推举了姬启继承了国君大统，是为鲁闵公。

庆父被凉到了一边，但是他的心没凉，暗地里还在网罗亲信，图谋不轨。

二号人物哀姜此时的角色转变成了国母叔姜的替身。虽然娃不是哀姜亲自生的，但是，叔姜是借助哀姜的身份地位生下了姬启。

哀姜不满意这个国母替身的地位，路只有一条：庆父上位，女主人地位才能复辟。

所以，庆父和哀姜成了亲密无间的合伙人。

哀姜和庆父之所以这么嚣张，是因为哀姜的背景是齐国，齐桓公已经被周天子封伯，名正言顺的诸侯统领。

但是，此时的军事形势发生了变化。

晋国大鱼吃小鱼，在东征西讨中强大了，强国先强军，晋国军队扩编，由一个军扩大到两个军。

《左传》鲁闵公元年记载："晋侯作二军。"

春秋霸主齐桓公的挑战来了。

这一年，北方的戎狄大举侵略邢国，以"尊王攘夷"为己任的齐桓公开始忙活起来。

虽然齐国忙于履行各种诸侯国义务,但是,还是派出一个以大夫仲孙湫为首的观察团到访鲁国,算是力挺鲁闵公,齐、鲁两国一向源远流长、关系密切,一个新兴地主,一个老牌贵族。

经过深入调查,仲孙湫说出了那句经典名言:"不去庆父,鲁难未已。"

4.重复作案

庆父不死,鲁难未已之际,齐桓公突然萌生鬼胎,重点咨询仲孙湫:当下齐国趁机将鲁国收入囊中,如何?

老大,万万不可,鲁国乃周公之后,礼仪之邦,当今海内外,周礼还是不可动摇,鲁国文化发达,根基稳固,齐国此时乘人之危,灭掉鲁国,属于落井下石,那我们岂不是成了野蛮人?人设崩塌,威望扫地,何以称霸诸侯?

《左传》又给仲孙湫甩出一句台词:"君其务宁鲁难而亲之。"意思是:老大,还是要对鲁国好点。

很显然,仲孙湫是鲁国的恩人,鲁国史官也很慷慨,投桃报李,在《左传》特此表扬:"书曰'仲孙',亦嘉之也。"

有了诸侯一哥的表态支持,季友回国了,和鲁闵公站到了一起,庆父和哀姜贼心不死,继续伺机作乱,这次这位共仲仁兄活儿干得超级漂亮。

当时鲁国有一位占卜官,名字叫作卜齮(Yǐ)。夏周时期占卜官后裔继承了卜姓,这就是卜姓的起源,这位占卜官卜齮家的田被鲁闵公的老师霸占了。

《左传》载:"公傅夺卜齮田。"

傅就是负责周天子教育的太保、太傅、太师三大老师之一。关于保、傅、师的教育科目分工，贾谊是这样解释的："保，保其身体；傅，傅之德义；师，道之教训。"直白地说，太保就是一国之君的体育老师，太傅教授思想品德，太师就是文化课老师。

负责教育鲁闵公思想品德的科目老师，把鲁国占卜官家的田产霸占了，本该为人师表的却为人失德了。这事被占卜官卜齮告到了老板鲁闵公那里，鲁闵公就是一个顶多不过八岁的孩子，和他这位思想品德老师一脉相承，体现的也是没品没德：老子不管，想咋地就咋地。

卜齮有怨不得申，梁子结大了，这个机会被庆父抓住了，把卜齮策反了。不得不佩服，庆父正如叔牙所说：的确有才，上次说服了一个四肢发达、头脑简单的荦马倌杀了鲁君般，虽然历史没有记录荦马倌结局如何，但大概率被鲁国当局千刀万剐了，这个前车之鉴卜齮肯定看得到。

占卜被认为是代表上天神灵的发言，所以在夏商时代，占卜术这玩意儿也算是高科技产业。卜齮是鲁国政府负责占卜的高官，智商和见识绝对不能和一介马倌相提并论，竟然也被策反了，不得不说庆父的确是一位政坛高手。

鲁闵公上位的第二年，被卜齮杀了，庆父的借刀杀人计谋第二次操作成功。鲁国在三年内死了三位国君，一位自然死亡，两位被杀，不得不说，国君就是一个高危职业。

但是，庆父和哀姜的篡位阴谋没有得逞。

季友逃到了郲国进行政治避难，临逃前顺走了鲁庄公最后一位继承人姬申，姬申现在是千顷良田一棵苗。鲁闵公被杀，鲁国大乱，庆父和哀姜也控制不了局面，本来想作为反对党的身份上台执政，但是被鲁国上下作为乱臣贼子声讨诛杀。

于是，庆父逃到了莒国，哀姜逃往郲国，季友带着姬申回国了。

姬申上位，是为鲁僖公，开始对主犯庆父展开大追捕，莒国本想收留庆父，作为一笔风投长期持有，无奈招架不住鲁国动用国家财政高价回购庆父这条命。最后，庆父眼看大势已去，自杀了。

从犯哀姜被齐国从郲国召回，齐桓公认为这位前齐国公主所作所为让国家颜面尽失，就以诸侯伯主的身份处决了哀姜。本着人道主义精神，齐国通知鲁国领回哀姜尸体，回国安葬。

齐国处决鲁国夫人，鲁国的国家尊严又一次受到了打击，三十四年前，鲁桓公在齐国被杀，鲁国领回遗体举行国葬。现如今，哀姜在齐国处决，鲁国还得领回尸体自行安葬，鲁国这两三年，国葬就举行了四次。

季友当起了鲁国宰相，鲁僖公赐予季友汶阳之田和费地。

从这时起，鲁国逐渐走向衰败。

第七章

存邢救卫

1.邢国被狄人摩擦了

庆父作乱,齐桓公没有出手干预,一是因为属于鲁国内政,不好干涉;二是因为齐国现在忙于四处攘夷。

鲁闵公元年,邢国被北方狄人狂虐,几乎灭国。

进入正题之前,先说说邢国。

邢国的历史遗产就是今天的河北省邢台市和邢姓华人,邢台自古多泉,传说"黄帝凿井,聚民为邑",因多井之邑,古人"井""邑"结合,发明了汉字"邢"。邢国建于商代,曾经被商朝第十三代君主祖乙迁做国都,国姓是子姓,这一时期的邢国在历史上称之为古邢国或井方之国。周革商命之后,在周初三监之乱期间,邢国因为支持武庚叛周,于是让周公旦给收拾了,周成王感念周公旦平叛有功,于是封赏周公旦第四子姬苴管理邢国,国名不变,国姓改为姬姓。姬苴封侯邢国,这段历史,在清代出土、现已失传的麦尊铭文中得以印证。

邢国地处北方,和戎狄交壤,所以一直被周王朝看作抗夷先锋。1978年出土的臣谏簋铭文鉴证了历史上邢侯搏戎的说法,根据这一说法,可以推断出,邢国和鲁国不但同宗同源,而且爵位相同,都是二等侯爵。

邢国原本作为周王朝抗击戎狄的防火墙，自然就成为戎狄重点打击的目标。这次攻打邢国的是山戎的近亲——狄人。这是狄人的称呼第一次在《春秋》中出现。

狄人分为白狄和赤狄，在《史记·匈奴列传》中，司马迁似乎将戎狄混为一谈，都划定为匈奴人的先祖，但是对于狄人曾经建立的两个国家——翟和狄，却在《匈奴列传》中只字未提。所以，可以做个推断：如果狄人是匈奴人的先祖，或者先祖之一，那么翟国和中山国将是匈奴史上极为光彩的一页。特别是中山国，曾经是战国七雄之外的另一个千乘之雄，最起码也称得上是一个战国亚雄。国祚二百多年的中山国竟然没有被司马迁写入匈奴发展史，说明后来的狄人并没有走入匈奴人的行列。

狄人原本来自华夏，先祖是夏桀的太子淳维。商革夏命之后，淳维带领一族夏氏后人，躲入北方荒漠，落魄沦为狄人，但念念不忘中原故地，不时地回乡骚扰。狄人最终走入华夏民族序列，并且继承了那段历史，以狄姓和翟姓华人的身份融入中华民族。

司马迁为何将戎狄合称为匈奴先祖？只能说明戎狄发展之初渊源相近。司马迁道出戎狄有一个共同特点——逐水草而居，但是狄人逐渐分离出来，学习模仿中原华夏族群的先进文明，也开始封地建国，先后建立了翟国和中山国，完全脱离了逐水草而居的习性。

此时重创邢国的狄人尚与戎人匪性相似。邢国是周公封地,和鲁国一样,传承的是正统周礼,和狄掐架,基本不在一个频道上,一个出手规规矩矩,一个乱拳野路子。最终还是老实正派人吃亏,邢人被狄人赶出了井方之国,背井离乡,南下逃命。

南下是唯一出路,华夏干爹周天子依然健在,同胞兄弟鲁国也可以靠一靠,关键是诸侯一哥齐桓公已经打出了"尊王攘夷"的大旗。邢国被揍成了这个熊样,这些华夏宗亲当然不能不管。果然,齐国一马当先,出兵接应正在被敌人追赶的残军难民,并紧急呼吁其他诸侯国出手相救。

2.好鹤亡国

狄人击败了邢国之后,并未就此罢休,继续乘胜追击,杀到了黄河以北,倒霉事就摊到了卫国头上。此时的卫国就是一个软柿子,因为当家的是卫惠公姬朔之子卫懿公姬赤。这位仁兄算得上是一位超级玩家,斗鸡走狗在他眼里就是不入流的玩意儿,因此卫懿公开创了一项更具观赏性的娱乐活动——斗牛。刘伯温在《郁离子·好禽谏》中流传下一篇关于卫懿公《斗牛而废耕》的文言文,记录了这位卫国老大喜欢斗牛取乐,可斗之牛身价暴涨十倍,老百姓自然趋之若鹜,将这项国家级娱乐事业产业化,按照产、学、研一条龙深度发展。斗牛娱乐虽然增加了零星的就业率,但是耕牛头数锐减,卫国农田荒芜。

要不是卫懿公下场凄惨,西班牙斗牛这项国粹很可能被两千多年前的春秋卫国提前发扬光大。

斗牛只是这位超级玩家的爱好之一,《贾谊新书》里曾提及卫懿公"贵优而轻大臣",说明这位仁兄兴趣广泛,"优"即戏子,也就是古代的娱乐明星,古今的不同是:古代的娱乐明星供人玩乐,现在的娱乐明星身份高贵,玩乐大众。在卫懿公时代，称为"优"的古代娱乐明星提前享受了现代娱乐明星的高贵身份，高贵到超出卫国朝臣大员的地位，因为卫国老大热衷于"优"的表演艺术。

农田荒废，大臣遇冷，这还不足以说明此时的卫国有多烂，真正彰显卫懿公是超级玩家的标志是玩鹤丧国。

如果活在当下，卫懿公完全可以被推举成为国际宠物协会会长。从古至今，任何一位宠物爱好者对于饲养宠物的热情以及付出，都无法和这位卫懿公相提并论。

卫懿公饲养的宠物，就是现在的国家一级保护动物——鹤，昂首挺胸，举止优雅，鹤鸣九皋，声闻于天。本来嘛，堂堂一哥养几只鹤玩一玩、逗一逗，那也就相当于现代普通市民养个宠物，没什么大不了。可是，这位卫懿公却把一个泱泱卫国变成了一个鹤文化主题公园。鹤在卫国属于天之骄子、一等公民，国人沦落为二等公民，而且鹤在卫国享受国家公务员待遇，可以加官进爵，享受车马俸禄。每当卫懿公放鹤归来，穿街过市，关于鹤文化主题的大型巡游展出随即隆重登场：鹤宝宝们按照卫国当朝官位等级，身着官服，乘坐专车座驾，仆人相拥相随，浩浩荡荡，招摇过市，卫国民众皆曰"鹤将军"。

卫国位于现在的河南省鹤壁市，鹤壁是否因卫懿公好鹤而得名，不得而知，史上传闻卫国境内的某个犄角旮旯曾因此而得名鹤城和鹤岭。

第七章 存邢救卫 125

卫懿公治下，鹤在卫国地位极高

可以设想一下，当卫懿公按照野生动物园的管理理念治国理政，此时的卫国就是一颗掉在树下的柿子，想不烂都难。

正当卫懿公沉浸在自己突发奇想的鹤文化创意中时，狄人杀到了，这次不仅仅在玩鹤，而是在玩命。

卫懿公已经爱鹤失众。

兵临城下，卫懿公玩心暂停，开始履行自己一国之君的职责，召集军队，授兵出征。可是，大臣们多年以来坐冷板凳，朝中已经无将可用，可怜的卫懿公只能御驾亲征，和狄人在荥泽大战。

荧泽，春秋古地名，卫国东部，现在的河南浚县西。

卫懿公平时习惯于训练宠物、指挥斗牛、排列鹤阵，属于宠物训练营营长的带兵水平，他所率领的卫国子弟兵团，还不及他训练出来的鹤宝宝们得心应手，卫国人心向背、厌兵厌战。

上了战场，面对真人真枪，卫懿公兵团成了狄人的刀下宠物，任人宰杀。到了即将殉国的最后一刻，卫懿公突然表现出了鹤鸣九皋的气质和置生死于度外的精神——眼看卫军溃败，本应偃旗息鼓、弃逃之际，卫懿公却视死如归，高举战旗，坚守阵地。最后，这位上任八年的卫国一哥死相很难看，几乎尸骨无存，不是找不到，而是被狄人当作唐僧肉打了牙祭，《吕氏春秋·忠廉》记录："尽食其肉。"可见，戎狄被华夏民族称之为水火不容的野蛮人，真真切切。

卫国是当时的中原列强，也是姬姓国戚，周礼嫡传，堂堂一哥被一群野蛮狄人尽食其肉，本着逝者为大、国君礼应国葬的原则，卫懿公活要见人，葬要见尸。

这时候春秋史上又涌现出了有区别于贤能达人的另一种道德模范，《吕氏春秋》称之为忠廉楷模，弘演纳肝的典故就这样发生了。

弘演，卫国普通朝臣，当卫懿公与狄人在荧泽大战时，弘演出差在外。卫懿公殉国，弘演归来，准备国葬老大，但可怜的卫懿公只留下被狄人吃剩下的肝脏。弘演痛不欲生，于是解袍剖腹，将卫懿公的肝脏纳入自己腹内，然后气绝身亡，以弘演纳肝之身代替卫懿公入土下葬。

这里只有惊叹，没有感叹，感叹只能留给那些借弘演纳肝的忠廉，捍卫封建王朝的腐朽者们。

3.迁都于曹

相比弘演纳肝，卫国同时又出现了两位明哲保身者，史官华龙滑和礼孔。国难当头，文职太史也被凑数拉上战场，只是这对史官组合不想陪葬卫懿公，主动束手就擒当了俘虏。司马迁在《史记》中，关于荥泽之战中的卫军表现浓缩成了三个字：兵或叛。这对史官组合应该是"兵或叛"中的模范代表，而且表现良好，被狄人当作良民，准备任命为前去占领卫国都城朝歌的向导先锋。

倘若这对史官组合正如狄人所愿，那么这将是史书上记载的最早的"汉奸"（卫奸），而且还是高级别的知识分子"汉奸"。好在这对史官组合充分利用了自己的专业知识，保全了自己的节操，高水平地忽悠了狄人：俺们华夏民族，讲究国之大事在祀与戎，说白了，就是对外开战和对内祭祀是决定国家颠覆存亡的两件大事，现在我们老大姬赤牺牲了，卫国灭亡了一半，另一半在于祭祀。卫国朝野臣民必须祭祀祖先和神灵，祈求天佑和原谅，才能放弃国籍，归顺狄人，否则口服心不服，祸乱不断。我们哥俩是太史官，熟悉祭祀，专业对口，可以先行进入朝歌，带领民众祭祀祖先和神灵，走完脱卫入狄的最后流程。

狄人信以为真，释放了这对史官组合，让其回城祭祀，狄人则坐等佳音。

这哥俩回到国都朝歌，告诉卫人：老大死了，确切地说是被狄人当作烧烤吃掉了，可见狄人就是一群野兽豺狼，为了不被屠城，成为狄人的烧烤，同胞们，赶紧一起跑路吧。

以往中原列强们相互掐架，无论输赢，基本上不会对平头百姓大开杀戒，人是衡量一个诸侯国财富多少的硬通货，好比见过劫匪抢银行，谁见过劫匪烧现金。即使灭国，那也是灭了一国老大和贵族，基本上不怎么波及普通老百姓，说白了，相当于房子换了一个新户主，户口簿改了一次姓氏。狄人打仗就不一样了，他们认为烧杀抢掠是对胜者的奖励。所以为了活命，卫人连夜出城逃命。

东周开张以来，最大的一次难民潮来了。

这里有必要做个解释。之所以称之为东周最大的一次难民潮，一是因为难民地域广泛，邢国和卫国可谓有几百年传承的两大老牌诸侯，这次玩完了，从国君老大到市井妇孺统统流离失所，这是自平王东迁之后地域范围最大的一次难民潮；二是《左传》罕见地第一次记录了逃到黄河南岸的卫人难民数量——五千多人，当然这五千人只是这次难民潮中的冰山一角。因为，《左传》说明这五千多人中绝大多数只是共地和滕地难民，其实邢国和卫国何止两邑？

据杜预注：共地和滕地是卫国别邑。共地就是郑庄公弟弟共叔段曾经的政治避难所，周厉王时期的共国，是伯爵诸侯，在现在的河南辉县境内。至于这个滕地在哪，史籍中不曾记录，但在同一历史时期的确存在一个滕国，也就是现在的山东滕州。因为滕州和春秋卫国地理位置相差甚远，所以可以肯定这里的滕地和滕国风马牛不相及。滕国虽然在历史上不是很出名，但却留下了一份响当当的历史遗产，这就是滕王阁。最初的滕王阁就在今天的山东滕州，由李世民的弟弟李元婴修建。

还有一点可以肯定，此时的共国已经换了户主，被卫国收入囊中，沦落为史书上的共地。共叔段在其中可能贡献了不少力量，因为他受过卫国的多次关照，是一股非常坚挺的亲卫势力，来个投桃报李，也是完全符合历史推断的。

鉴于共国在中国历史上曾经做出过不可磨灭的贡献，有必要在此说上几句公道话。公元前841年是中国历史有明确纪年的开始，这一年也叫共和元年，因为这一年作恶多端的周厉王被平民暴动推翻了。按照《史记》记载，周厉王翻车之后，周公和召公两大政治阵营精诚合作，玩了一阵子周召共和，史书上也称之为共和执政，但《竹书纪年》中称，之所以称之为共和执政，是因为此时周王朝看守政府的当家人是一位来自共国的国君，官称共伯，共伯名和，所以才有了共和执政和共和元年的说法。

言归正传。

大量卫国难民之所以逃到了黄河南岸，是因为有亲戚接应，这个亲戚就是宋桓公。宋桓公娶了卫懿公亲奶奶宣姜和卫懿公伯父卫昭伯（公子顽）共同生的女儿，也就是许穆夫人的姐姐，宋卫之间从庄公小霸时代就培养出了深厚的革命友谊，现在又是政治联姻，所以宋国向卫国伸出了援手。

一起逃到黄河南岸的还有卫懿公的接班人姬申，也就是以后的卫戴公。姬申是宣姜和卫昭伯共同孕育的二儿子，大儿子齐子早年夭折，三儿子姬毁眼看着卫懿公玩物丧志，卫国成了中原列强中的软柿子，担心小命不保，所以提前跑路，躲到齐国寻求政治避难。卫懿公从他老爸卫惠公（公子朔）那一代起，国民支持率就特别低，这次因为他好鹤亡国，卫人对他的遗传基因彻底放弃，所以在近亲中只能选择姬申上位，指望着这位接班人带领卫国难民抵御侵略，复兴卫国。

《左传》记载："庐于曹。"说明卫戴公姬申已经在曹地盖起了房子，准备建设新家园。这里的"曹"指的是曹邑。曹邑是国祚九百多年的泱泱卫国的第二个国都，虽然寿命很短，有效期不到两年，但是历史上还是给予了礼节上的重视。根据明清地理学家顾祖禹所著的《读史方舆纪要》和《滑县志》记载，春秋曹邑就是现在河南滑县境内的留固镇白马墙村。

可惜卫戴公刚上位，健康状况就出了问题，当年就死了，这就是卫国迁都于曹为期很短的原因。

4.许穆夫人挂帅

卫国是姬姓诸侯中续命最长的,是因为在关键时刻总能出现一些历史劳模,石碏大义灭亲,公子寿替兄赴死,公子伋为弟偿命,弘演纳肝,一代更比一代绝,不得不佩服,卫国堪称春秋时期的人文教育强国。

卫戴公迁都曹邑的关键时刻,卫国又出现了一位历史劳模:许穆夫人。

卫国被狄人暴揍,国破家亡,这消息肯定传遍了整个华夏。有两个国家和卫国关系密切,一个是宋国,一个是许国,这两个诸侯国的老大分别娶了卫戴公的同胞姊妹。宋桓公已经在宋国家门口的黄河南岸,对这位舅哥卫戴公尽了一番地主之谊。可惜宋国长期饱受殷商遗风的影响,以伯夷叔齐为楷模,虽然学术发达,多出圣贤,但宋国在历史上几乎没有出过一位打仗能手。面对野蛮成性的狄人,实在是拿不出勇气面对面战斗,因此,只能进行人道主义援助。

此时的许国更厌,因为许国从许穆公的哥哥许桓公时代,才从郑国的半殖民半托管的统治下实现国家独立。虽然许国地理位置优越,被称为"中原之中",但许国姓姜,并非王族姬姓,国小爵低,只是个五等男爵,平时连邻国都不敢碰瓷。此时的老大许穆公,立足国情,看着卫戴公被虐,只想呼吁一下,声援几句,最多象征性地送点慰问品。但是堂堂许国老大的老婆不这么想,她要带兵出征。

这位国母就是大名鼎鼎的许穆夫人,《列女传·仁智传》将其捧为先秦十大杰出女性,排名第二,是集屈原、穆桂英和环球小姐三种特质于一体的历史劳模。

早年,许穆夫人美色出众,齐桓公和许穆公竞相爱慕。司马迁曾直言齐桓公好色,宫中女闾七百,可以想象能被齐桓公青睐的许穆夫人,肯定艳压群芳。但是卫君爱财,许国重金相聘,抱得美人归。如果许穆夫人生在当下,那就是春秋版的环球小姐。

可以设想一下,一国之君的老婆要亲自出马上前线,除非两种可能性:要不就是老爷们全死光了,就好比穆桂英挂帅,那是因为丈夫杨宗保阵亡了;要不就是朝堂上无可用之人。

许穆夫人挂帅的原因属于后者,按照推理,许穆夫人出征,以下剧情必不可少:

一、首先上演的是许穆公夫妻二人的宫内斗,夫人闹着要出兵救卫,许穆公劝夫人千万不要和狄人硬碰硬,那是鸡蛋碰石头,结果许穆公输了,许穆夫人的提议升级,转入朝堂再议。

二、朝堂之上，大臣们集体反对出兵，原因你懂的，啥时候许国打仗打赢过？这个状况直到许国灭国也没改变。

三、许穆公只能回复夫人：大臣们不中用，我也很绝望，你要是想回娘家看看，可以理解，那就多带一些人马，速去速回。

于是，许穆夫人亲自挂帅出征。

当大臣们意识到许穆夫人这次北上，并不是普通的回娘家、走亲戚，而是要和狄人去打仗时，感觉到事情闹大了：难道许国男人真死光了，要靠一个女人领兵出战？这以后许国在春秋舞台上如何立足？于是大臣们纷纷阻止许穆夫人。

夫人油盐不进，一意孤行。为了鼓舞士气，夫人作诗一首，诗名《载驰》，被孔圣人录入《诗经》。由于《载驰》一诗比屈原的《离骚》早三百多年，所以许穆夫人抢了屈原的风头，成为我国第一位见于记载的爱国主义诗人，而且还是一位美女诗人。

载 驰

载驰载驱，归唁卫侯。驱马悠悠，言至于漕。大夫跋涉，我心则忧。

既不我嘉，不能旋反。视尔不臧，我思不远。

既不我嘉，不能旋济？视尔不臧，我思不閟。

> 陟彼阿丘，言采其蝱。女子善怀，亦各有行。许人尤之，众稚且狂。
>
> 我行其野，芃芃其麦。控于大邦，谁因谁极？大夫君子，无我有尤。百尔所思，不如我所之。

在诗中夫人用"女子善怀，亦各有行。许人尤之，众稚且狂"驳斥了许国君臣喋喋不休的劝说，用"百尔所思，不如我所之"表达了自己抗狄救卫的坚定决心。

《诗经》就是当时老百姓嘴里的流行歌曲，如果不是红极一时、流传甚广，就不可能被孔子采编，毕竟那还不是一个饮酒对诗、附庸风雅的时代，对于诗词的记录，靠的不是竹简笔录，而是老百姓的口口传唱，所以，《载驰》能够流传至今，必定是这首流行歌曲引起民间共鸣，老百姓代代相传。当许穆夫人的这首《载驰》首先在这支北伐抗狄的队伍中传唱开来，那就是一首北伐军歌。

根据诗中"我行其野，芃芃其麦"的描述，可以想象一下，在习习麦浪之中，村野路径之间，一位环球小姐级的巾帼英雄，率领一支军队，一路军歌嘹亮，载驰载驱，北上抗狄，所到之处，路人皆夹道相送，何其壮哉！

5.齐桓公出手了

女人上战场，拼的不是战斗力，而是影响力，女人能够无限地激发男人的战斗力。许穆夫人的事迹感动了无数粉丝，齐桓公就是其中之一。这位诸侯一哥曾经为许穆夫人倾倒，现在又被许穆夫人的勇气担当和诗乐才气所震撼，只恨当年向卫国求婚时出手太保守。本来齐桓公对卫国不感冒，因为卫国贪图许国那点彩礼，把齐桓公的梦中情人许穆夫人下嫁到了许国。就在几年前，齐桓公打着周惠王的旗号，修理了一顿卫国，总算公报私仇。所以卫国被欺负，齐国反应最为迟钝，在《左传》的记录中，齐国行动排在宋桓公和许穆夫人之后。

女子尚且如此，何况嘴上天天挂着"尊王攘夷"的齐桓公，如果人丁兴旺、钱粮充足的齐国还在隔岸观火，那以后还怎么在诸侯国中当老大？

齐国终于出手了，而且是大动作。

齐公子姜无亏率战车三百、甲士三千驰援曹邑。还有大量的生活物资——牛、羊、猪、鸡、狗五畜各三百头（只），齐国送牛、羊、猪、鸡可以理解，但是随同三百条狗，一般人看着有点蒙，这是要给卫戴公看家护院，还是随军作战？《礼记·少仪》中的只言片语基本上给出了一个合理的解释，远在殷商时期，古人把五畜之一的狗分作三类用途：一类叫肉犬，属于古人菜篮子工程；另一类叫守犬，用于看家护院；还有一类犬中骄子，叫作田犬，用于田间狩猎。

除此以外，随军的还包括卫戴公的御车之马，祭祀祖先神灵时的专用祭服工装、建筑木料等，基本上涵盖了衣、食、住、行四大门类，一并由大哥齐国一条龙服务。

齐国此举，完全承担了中国式父母的责任，买房出首付、创业掏腰包，估计感动得卫戴公差点让卫国抛弃姬姓，跟随齐国姓姜。患难之处见真情，关键时候血亲靠不住了，周天子和姬姓诸侯全躲在大树底下吹凉风，倒是外姓列强齐、宋两国救了兄弟一把。

有血缘关系却如此疏远，这就是周天子越混越屃的原因。

其实，齐桓公这是爱屋及乌，属于献殷勤，一切为了心上人，许穆夫人才是主角。齐桓公对许穆夫人献殷勤，献上的是一部豪车，另加织锦上品。

这要感谢细心的鲁国史官，用"鱼轩"为名记录下了这部豪车之豪，用"重锦三十两"记录下来齐桓公出手之阔绰。鱼轩即鱼皮装饰的彩车，雅称鱼轩，据说这种鱼皮只能是鲨鱼皮，齐国临海，有捕鲨取皮的得天优势，所以鱼轩算是齐国的珍稀特产。用"重锦"形容，此锦绝非一般的锦，三十两不是重量,而是三十匹,一匹十丈,三百丈的上等绫罗绸缎足够许穆夫人举办多场大型时装秀了。

说到这里,不能不佩服齐桓公姜小白,绝对够爷们,简直就是男神,不但胸怀天下,而且胸怀天下女神。齐桓公但凡不是对许穆夫人爱慕得死去活来,绝对不会如此狂下血本。

有大哥罩着,卫国终于死灰复燃了,但是卫戴公的身体太不给力,上位的当年就撒手人寰、驾鹤西去了,属于自然死亡,不是抗狄阵亡。这时候正在齐国政治避难的候选人姬毁就派上了大用场,急忙回来接班,是为卫文公。

卫文公也可以堪称卫国的历史劳模,卫国复国,卫文公功不可没。卫文公和卫戴公不一样,卫戴公长期待在卫国,耳濡目染的是卫懿公的斗牛驯鸟、吃喝玩乐;卫文公长期滞留在齐国,除了政治避难,也担负着卫国"公派留学生"的学习任务。此时的齐国是春秋列强中的超级大国,无论在政治地位、军事实力、经济发展、科技水平等方面都遥遥领先,卫文公在齐国深造期间,也逐渐对齐国的治国理政经验领悟了一些。等这位"海归"回国上位之后,学以致用,临危受命,成为一位难得的治国能手。平心而论,无论放在古代还是当今,这位海归身上都具有典型的劳模精神:卫文公一身平民打扮,布衣帛冠,艰苦朴素,与卫国遗民同甘共苦,深入田间地头,指导农耕,大力发展工商业,举贤任能,兴办教育,教化民风。卫文公即位的第一年，卫国能拿出手的家底就是战车三十辆，第三年已经自立门户，拥有战车三百辆。

《左传》大肆褒扬："卫文公大布之衣，大帛之冠，务材训农，通商惠工，敬教劝学，授方任能。"

《史记》云："文公初立，轻赋平罪，身自劳，与百姓同苦，以收卫民。"

卫文公上位的第二年，干了一件大事，把国都从曹邑向东迁到了楚丘，楚丘位于现在河南滑县八里营乡的卫王殿遗址，实际上曹邑距离楚丘也不过八公里，所以准确地说应该是卫文公小小地搬了一次家，用"迁都"记述有点牵强，这是卫国第三次迁都，在此定居29年。

很多人看不懂卫文公这次搬家的脑回路，迁都向来都是劳民伤财的顶级大事，以节俭著称的卫文公只是为了把国都向东平移八公里，就不惜劳民伤财地迁都一次，以至于历史上甚至把卫国迁都曹邑和迁都楚丘混为一谈，算作卫国二次迁都。

难道楚丘比起曹邑，有险可守？可是亲临滑县转上八圈，也看不出楚丘之险在哪里。

只有一种可能：风水问题。卫文公的前任卫戴公死在了曹邑，虽然是自然死亡，但是命贵福薄，上位之前活蹦乱跳，上位不到一年就去世了，这怨谁？只能怨风水，古代对风水的重视程度已经上升到祭祀的高度，卫文公虽然是个"海归"，也得照章办事，当年就是这个体制。

大搬搬国，小搬搬家，此时卫国的财政捉襟见肘，只能小搬，于是仅向东平移几里地。

6.邢国的悲哀

英雄救美,这是古往今来的江湖美德。齐桓公和许穆夫人共同书写了一段英雄爱美的情史传奇。这是满满的正能量,正就正在这位诸侯一哥不以占有为目的地爱慕许穆夫人,展现了感情的最佳境界——示爱不求欢,这比起同一历史时期其他案例,比如一直想和齐桓公叫板的楚文王霸占息夫人,卫宣公的新台之丑,鲁惠公截胡儿子鲁隐公的未婚妻……齐桓公算是纯爷们。

齐桓公和许穆夫人的故事到此为止,好事之人再也挖掘不出其他有关权色交易的半点绯闻,难怪孔子曰:"晋文公谲而不正,齐桓公正而不谲。"

啥意思,齐桓公这位春秋霸主不是徒有虚名的,连孔圣人也夸他走得端、行得正。

卫国蹭上许穆夫人的热点,搭了一回顺风车,所以史官给予了太多关注。卫国虽然这一段时期混得相当狼狈,但是历史交代得还算清楚。相比之下,邢国就没那么幸运了,史书上就确认了三点:第一,被人揍了,是狄人干的。第二,被大哥救了,大哥就是齐桓公,还有宋国、曹国两个帮手。鲁国虽然和邢国一脉相承，都是周公旦之后，但此时鲁国处于庆父之乱，无暇顾及邢国，所以没有出兵。第三，跑了，迁都夷仪。

并且，大哥带来的都是仁义之师，严格执行"三大纪律、八项注意"。不但帮小弟邢国出头，因战乱流落到齐、宋、曹三国联军手里的邢国财物，也如数奉还，对此，左丘明大加赞赏："师无私焉！"

但是，夷仪是哪里？至今争论不休。

据史记录，有两个地方入围：一个是今天的河北邢台西部的浆水镇；一个在山东聊城西南的某地，两地相差两百公里。浆水镇的确曾经是邢国的地盘，地势险要，易守难攻，被邢国选为陪都。这一点合情合理：邢国成年累月地和戎狄干仗，居安思危，选浆水镇作为陪都，就好像现代谍战特工电影中的安全屋。而且，晋朝杜预注："夷仪，邢地。"有了在《春秋》研究史上地位尤重的杜预做背书，浆水镇强势入选。

支持山东聊城某地的观点认为，邢侯挨揍，只能南下中原腹地，求救华夏兄弟，不可能往西躲藏，西边更接近狄占区。虽然浆水镇有险可守，但面积狭小，属于瓮地，不宜久居，就好比电影中见过特工在安全屋中避难，但谁见过哪个特工在安全屋里定居。

这就是邢国的悲哀，堂堂一个二等侯爵，为东周王朝长期抵御戎狄的英雄模范，竟然连一国之都在哪里都模棱两可，而其他中原列强情场纵横的经历都可能被载入史册,究其原因,就是邢国不在中原列强这个圈子里,这次要不是被狄人赶到中原找大哥,或许就会被史官所忽略。

谁是谁非,《春秋》经文给出了一条关键证据:"元年春,王正月。齐师、宋师、曹师次于聂北,救邢。"这里的元年春指的是鲁僖公元年春季,齐、宋、曹三国联军集结在聂北,意在救邢,"聂北"成为解开历史谜团的关键证据。聂北位于现在的山东省聊城市茌平区贾寨镇,春秋初期曾是邢、卫、齐三国的交界,属于三不管地区。也就是说,春秋初期的聂北和山东聊城某地的那个夷仪,现在同属于一个行政地区。

那么"邢迁夷仪"中的夷仪所指的只能是靠近聂北的聊城某地,因为齐、宋、曹三国联军在聂北集结,目的在于接应溃败逃亡的邢侯,最现实的方案就是就地安顿,迁都建国。如果邢侯要迁都到邢国西部的浆水镇,前提条件就是三国联军必须长途跋涉二百公里,赶走狄寇,解放邢国国都,然后再往西,将邢侯送到浆水镇筑城。果真如此,狄人就不可能继续南下侵卫。既然狄人跑了,国都失而复夺,邢侯何苦再舍近求远,迁都浆水镇。

还有一个证据:二十多年后的公元前635年,齐桓公早已与世长辞,国力不怎么样的卫国灭了邢国。如果邢国不在近在眼前的聊城,卫国哪有能力杀到二百公里以外的浆水镇去灭掉邢国？

所以，只有一个答案：邢迁夷仪指的是现在山东聊城的某地。

那么历史上的两个夷仪城总不可能是空穴来风吧。这个好解释，史上确实存在两个夷仪城，浆水镇夷仪城作为陪都在先，取名"夷仪"可能与戎狄有关，寄托某种愿望。后来邢侯兵败退守聊城，重新筑城建都，念念不忘"夷仪"，最后仍以夷仪命名新都。

邢、卫两个二等侯爵姬姓大国，被一伙野蛮人追得无比狼狈，最后被春秋霸主齐桓公收留，偎依在齐国的脚下安家落户。

《左传》云："邢迁如归，卫国忘亡。"

这段历史被称为存邢救卫，功劳全记在齐桓公名下。后来，邢国和卫国这对难兄难弟进入了互殴时代，完全忘记了血缘亲情，并且主动邀请了狄人加入，也是从这时候起，狄人开始正式加入中原列强之间的角斗，近朱者赤，狄人逐渐脱离野蛮，被吸收合并，最终融入华夏大家族。

第八章

楚地千里

1.野蛮生长

《史记》载：楚文王"十一年，齐桓公始霸，楚亦始大"。

楚国雄踞南方，千顷良田一棵苗，野蛮生长。

楚文王熊赀（Zī）是楚武王和邓曼的儿子，莫敖屈瑕的弟弟，他的上位纯属哥哥屈瑕兵败自杀成仁的偶然。在《吕氏春秋》中，楚文王被描述成一个浪子回头金不换的失足青年。楚文王继位之初，沉迷于田猎美色。在那个年代，一国之君热衷于田猎美色，尚不属于不良嗜好，只能算作高档消费，但这哥们只享受了一国之君的权利，却不尽一国之君的义务，一年不上朝办公，楚国政务荒废。作为国君教师团队之一的太保申挺身而出、冒死力谏，对老板进行了一场头脑风暴。这位太保申还对楚文王动用了鞭刑，当然，鞭刑只是象征意义上的。一般情况下太保申的行为属于找死，但是楚文王竟然接受了，从此埋头苦干，奋发图强。

熊赀继承了楚武家族六亲不认的传统，他和北方的齐襄公差不多同一个时代执政，这时候江湖大佬郑庄公、齐僖公、楚武王全都去世了，周天子也凉了，无人主持公道，所以，此时诸侯国之间的生态就是"黑吃黑"。

这时候,齐襄公在北方作恶,楚文王在南方耍横。楚文王干了两件豪横事,在历史上被公认为缺德冒烟。

一个就是"假邓灭申"。楚国伐申过邓,邓国念在楚文王是邓国外甥的分上,好吃好喝,主动让道。谁料想楚军班师回朝,途经邓国,利用邓国的信任,搂草打兔子,灭了邓国,邓侯后悔莫及,结果出了一句"噬脐莫及"的成语,算是交了智商税。历史惊人地相似,三十年后,又发生了晋国假虞灭虢事件,虞国重蹈覆辙。所以"假邓灭申"才是成语"假虞灭虢"原始版。

另一个就是为了霸占息夫人,灭了息国。

但是,熊赀死后竟然获得了一个"楚文王"的上等褒谥,说明楚国认为楚文王是国君中的优等生。《逸周书·谥法解》:"经天纬地曰文;道德博闻曰文。"说老实话,楚文王的所作所为没有和"道德"二字沾边的,也谈不上经天纬地,楚国创业之初的价值观就是:不管黑猫白猫,能抓老鼠就是好猫。

楚文王为了楚国的革命事业,逐鹿中原,吃掉了息国、邓国和申国,归宿也形同老爸楚武王,死在征伐黄国的途中。楚国在大鱼吃小鱼中逐渐强大。

楚文王的确干了一件大事,影响深远。那就是开辟了楚国县制，建立了申息之师。

说到县制，学者一般认为县制始于楚国的权县，原因有两个。一是史学家将中国郡县制的发展归纳为三个阶段：县鄙之县、县邑之县、郡县之县。对于这三个阶段的表述，作为吃瓜群众的普通人，我们可以这么理解：老王在郊外有块地，因为离家有点远，就起了个名字叫作"县"，完全属于私家自留地，老王想种瓜就种瓜，想种豆就种豆，所以称之为县鄙之县；突然有一天"土改"了，老王的这块"县"地成为集体所有制，于是老王承包过来种瓜种豆，老王的身份从所有人变成了受益人，这就称之为县邑之县；再突然有一天改朝换代革命成功了，老王的这块"县"地被收为国有，留在这块土地上的老王变成了应聘上岗的普通劳动者，这时候老王这块地就成了县郡之县。所以这三个阶段就相当于自留地、承包地和国有土地之间的关系。

二是《左传》在鲁庄公十八年给出了这么一段记录："初，楚武王克权，使斗缗（Mín）尹之。以叛，围而杀之。迁权于那处，使阎敖尹之。"这是白纸黑字载明了楚武王灭了权国之后，派斗氏家族的斗缗管理权地，但这哥们竟然神差鬼使地被权国遗民策反了，最终被楚国剿杀。这次楚武王吸取教训，灭其国而迁其族，权国被迁往那处，派阎敖管理。那处是地名，现在湖北沙洋县的某处。

所以，有些史学家认为楚武灭权设县先于秦国，楚武王卒于公元前690年，早于秦武公公元前688年设立的邽县和翼县，更早于秦武公设立的杜县和郑县。楚武灭权之后，打破了分封世袭的传统，颇有些县制之县的味道，于是就有了权县为郡县鼻祖的提法。

这里边有问题，而且还很大。

"郡县"名称早在西周已经出现，只是县大郡小。《逸周书》记载："分以百县，县有四郡。"《逸周书》记载的是西周年间的事，说明西周时期名词"县"已经被创立使用，并且县大郡小的建制一直延续了整个春秋时代。春秋末期鲁哀公二年，《左传》记载："克敌者，上大夫受县，下大夫受郡。"差不多同时代的秦武公也明确灭国设县，说明"县"作为行政名词的提法已经可以被当时社会所接受。

但是《左传》中关于楚武灭权的记述中，没有提及半个"县"字。左丘明一向以用词严谨著称，如果楚武王真的灭权设县，左丘明不应该出现这样的含糊。

也许是后世学者受柳宗元《封建论》的影响，做了一次二选一的选择题，认为古代行政管理制度只存在两个选项：封建制或郡县制。楚武灭权，既然已经打破了兴灭继绝的封建传统，那就只能选择郡县制了。为什么楚国就不能实行第三种管理模式？《左传》明确这种管理方式就是"使斗缗尹之"，其实就是派斗缗监管的殖民方式。

但是对于楚文王开辟县制，左丘明却毫不含糊，《左传》记载，哀公十七年（前478年），文王"实县申、息"，所以这个功劳应该记在楚文王的头上：申、息二县才是楚国县制之始，而且息县一直沿袭至今。

楚文王设立申、息二县，体现的还是一个"狠"字，采取的是灭其国而亡其族的做法。这里的"亡其族"不是灭其族人，而是拆祖庙、停香火、断祭祀。申、息两国原有的封建领主完全失去世袭权，不再享受大宗权益，土地和国民收归楚国国有，成为楚文王的自留地。

除此之外，楚文王更绝，申国和息国的残余军队，被改编入楚国的中央军序列，训练成虎狼之师，在日后的晋楚邲之战中担当主角，史称申息之师。

其实，楚文王的这些施政举措，离不开一个人：申国俘虏彭仲爽，他是楚文王时期的楚国令尹，荆楚二号人物。

2.深挖彭仲爽

泱泱楚国,八百多年国祚,前后产生过四十多位令尹,但聘用芈姓以外人士作为令尹的案例凤毛麟角,最为出名的当数战国时期的卫人吴起、春申君黄歇,还有一个半成品李园。彭仲爽是楚国春秋时期唯一一位从国外引进的非芈姓令尹,可想而知,但凡彭仲爽没有脱颖而出的过人之处,不可能得到楚文王的如此器重,要知道当时令尹人选,几乎是斗氏家族垄断。或许是斗氏家族出了一位被权国遗民策反的叛徒斗缗,才让这位一向行事狠辣的楚文王撇弃斗氏家族,起用彭仲爽。彭仲爽做事,也颇有点老板楚文王的风格。他不但帮着楚国把申、息两国撤国置县,完全国有化改造,而且进一步收回申、息两县的军权,成立了楚国史上赫赫有名的申息之师,隶属楚王嫡系部队。申、息两县没有了自己的军队,从此无力造次,安心做起了楚国模范公民。

其实,彭仲爽的事远不止这一点。这个话题,要从楚文王去世说起。

楚文王和息夫人生了两个儿子:老大楚堵敖熊艰和老二楚成王熊恽。根据史料:老大游手好闲,老二爱岗敬业,这兄弟二人也继承了老爸六亲不认的传统。先是老大楚堵敖上位，天天飞鹰走狗，痴迷田猎，不务正业。一般来说，一个差等生当上了班长，肯定视另一个优等生为竞争对手。所以，游手好闲的楚堵敖看着爱岗敬业的弟弟越来越不顺眼，开始蓄谋着将来的某一天把这个弟弟给狩猎了。

弟弟熊恽有所觉察，于是开溜到了隔壁随国寻求政治避难。此时的随国已经是楚国的附庸。楚堵敖五年，熊恽领兵回国，猎杀了哥哥，当上了楚王，是为楚成王。

虽然看似励志，剧情安排合理，但问题很大。

这时候的楚堵敖到底多大？

楚文王十年，也就是鲁庄公十四年，楚文王霸占了息夫人。按道理，这时候息夫人的头衔应该改为楚夫人。但据说息夫人依然念念不忘息侯，整日闷闷不乐，昔日的桃花夫人变得寂寞寡言，虽然《春秋》中以文夫人相称，但是后人秉从人性，鞭挞黑恶，彰显正义，依然把这位楚国国母在历史上以息夫人相称。

楚文王在位十五年，所以楚堵敖上位时，最多不过六岁，弟弟楚成王不过五岁，即使放在当下，早教早育，也还是个吃棒棒糖的小孩子。

五六岁的兄弟二人你死我活抢王位，那绝对是天方夜谭。

所以，这背后肯定有高人。

此时的楚国，有可能进入高人备选名单的只有三位：上届令尹彭仲爽、候任令尹子元、太后息夫人。令尹在楚国已经取代莫敖成为百官之首，理所当然的二号首长，除了乳臭未干的楚堵敖兄弟，能够左右楚国政局的就得算是彭仲爽和令尹子元了。作为两任楚王的亲生母亲息夫人，在楚国朝上朝下的地位都是说一不二，而且楚国从楚武邓曼时代就养成了怕老婆的美德，春秋四大美女之一的息夫人，影响力不容怀疑。

所以，操控熊艰和熊恽互怼的高人就出自其中。

可以这样做个假设：如果是息夫人挑拨自己膝下两个吃奶的亲生儿子互相残杀的话，那么这位桃花夫人的人设早就坍塌了，不可能在历史上留下众多美丽动人的传说。所以，熊艰和熊恽互虐，这里边没有息夫人啥事。

那么可以肯定，令尹彭仲爽和令尹子元就是这兄弟二人背后的高人。

楚文王去世后，一朝君子一朝臣，当时的彭仲爽只有一条出路：力保幼主楚堵敖熊艰社稷永固。这样彭仲爽还可以继续做他的二号首长。

但是，政治生态中，最不缺的角色就是权力注目者，惦记令尹权位的岂止一个外姓之人彭仲爽。此时楚文王的弟弟熊子善不但觊觎令尹之位，而且还殷切惦记着嫂子息夫人。按照烝报婚的古老习俗，熊子善可以继承嫂子，这完全符合当时上流社会的道德规范。可是春秋四大美女之一的息夫人，堪称春秋巨星。哥哥楚文王是通过干翻蔡国、灭掉息国，才得到息夫人，所以熊子善也得掂量：自己配吗？最多也就搞个二号首长当当。

熊子善，字子元，就是下任楚国令尹，史书上大多数场合都以令尹子元相称，在春秋时期"子元"算得上是一个伟光正的名字，所以被频繁使用。

无论彭仲爽，还是令尹子元，大家都懂：只有前浪死在沙滩上，后浪才会超前浪。干不过彭仲爽，子元没有机会当上楚国令尹。

于是，才五六岁的熊艰和熊恽亲哥俩骨肉相残，惨烈程度远超"郑伯克段于鄢"，这完完全全就是一场代理人战争，真正的幕后黑手就是彭仲爽和令尹子元。

查遍史书，也找不到有关彭仲爽下落的线索，既然熊艰都死于非命，外姓政敌彭仲爽的结局也好不了。

熊艰被杀，熊恽上位，是为楚成王，子善也摇身一变，成为令尹子元。可以准确估计，此时的楚成王只有十岁上下，还是一个吃棒棒糖的年龄，所以楚国政坛上的实际控制人是令尹子元。

以令尹子元为首的楚成王集团，对于已经刀下做鬼的哥哥熊艰，采取的是报复清算政策，取消了一国之君死后应该享受的一切待遇。首先在名分上不封谥,只给了一个"楚堵敖"的名号,周礼谥号的词典中没有"堵"字一说。其次是葬礼降级,不以王葬,理由是:熊艰未尝治国,不成为君。单就这个"堵敖"的封号,估计地底下的熊艰听了都心堵。

春秋期间国君死后不被冠名谥号的有那么几位,都是因为在位有效期太短,政坛上昙花一现,加之声名狼藉,属于国君中的半成品。比如像卫国的州吁、陈国的公子佗,统称废公。熊艰在位五年,肯定不能算是个半成品,死后既无谥号,又没国葬的,实属历史罕见。

司马迁在《史记》中以谥号"庄敖"冠名熊艰,"庄"是上等褒谥,"敖"是楚国方言特色,这个谥号相当于"楚庄王",这与"堵敖"一词天差地别。这一说法疑为《史记》传抄过程中的差错,现今多采用屈原在《天问》长诗结尾"吾告堵敖以不长,何试上自予,忠名弥彰?"一句中"堵敖"一说。

但是,堵敖命丧黄泉时,十岁左右的小屁孩,最多只能算个孩子王,何谈治国理政,他只是用生命帮彭仲爽买了单,实属楚国历史上的冤假错案。

3.空城计

春秋美女众多，但唯独四大美女为人津津乐道，她们分别是：息妫、文姜、夏姬、西施。要说只论美色，华夏之美，将近三百年的春秋时期，不可能只出产了这四位。论美色加才华，庄姜肯定不输这四位，论美色加才华外加历史贡献，许穆夫人肯定高居榜首。

但是，这四位当选靠的不是才华和历史贡献，而是美色加绯闻，绯闻代表着人气和抢手指数。春秋四大美女的共性就是：或是亡国，或是亡君，淋漓尽致地呈现了红颜祸水的古往通则。

这四位中，西施是间谍；文姜乱伦；夏姬放荡；只有息妫可圈可点，留给历史一泓清流。

息妫就是令尹子元念念不忘的寡嫂息夫人。楚成王上位初期，年幼而无知，在令尹子元的眼里，这位老板还只是一只未断奶的小狗，所以这位仁兄可以为所欲为。经过六年的追爱长跑，令尹子元依然未能打动寡嫂芳心，楚成王六年，这位当朝二号人物终于失去了耐心，开始主动挑逗。《左传》中对于令尹子元的调情技巧，非常精辟地用一个字形容：蛊。

令尹子元想当然地认为，寡嫂息夫人也是江湖儿女，貌若天仙，心必怀春。于是在寡嫂宫外大张旗鼓地举办聚会，夜以继日，纵情狂欢，《左传》记录："振万焉。"

这里的"万"指的是商周时期流传下来的经典传统舞蹈——万舞。关于万舞的具体详情，现代人已无从知晓，只有《诗经》中留下了历史一瞥：

简兮简兮，方将万舞。日之方中，在前上处。
硕人俣俣，公庭万舞。有力如虎，执辔如组。
左手执龠，右手秉翟。赫如渥赭，公言锡爵。
山有榛，隰有苓。云谁之思？西方美人。彼美人兮，西方之人兮。

这首《简兮》诗情字意中透露着满满的阳刚之气，诗中的美人指的并非美貌女子，而是俊男帅哥。《左传》中左丘明对于这出万舞表演的规模声势，也是精辟地用了一个汉字形容：振。虽然做不到震天动地，但肯定震动宫墙，而墙内就是唯一的观众息夫人。

令尹子元在息夫人宫外组织歌舞

令尹子元之心,楚人皆知。

此时的楚成王应该是十五六岁,少年初成,男女之事熟知八九,对于令尹子元的挑衅骚扰不可能无动于衷,无奈他的上位完全凭借叔叔令尹子元,楚国的政治生活中,他还是没有话语权。

楚成王的寡母息夫人,因儿弱母寡,是楚国政治生态中的弱者。古往通则中,弱者生存的法宝就是示弱,所以息夫人选择的是:弱者示弱,拱火上墙。

第一,声泪俱下,以柔克刚。

第二,表明立场:寡嫂芳心已死,自诩"未亡人",就是坐吃等死，无欲无求。

第三，拱火上墙：万舞是用来习武练兵、提振士气的，告诫令尹子元，身为国家二号人物，要勿忘国仇家恨，警钟长鸣。

女人能激发男人的斗志，这次令尹子元就差一点被激穿：看来寡嫂这是美人爱英雄，我为何不妨做一次让她瞧瞧。

说干就干，当年的秋季，令尹子元大举兴兵，要拿中原地区的老牌强国郑国开刀。自从经历了郑庄公四个儿子公子突、公子忽、公子婴、公子亹轮流坐庄、手足相残的"四公子之乱"，郑国国力渐衰，此时的齐国位列超级大国，楚国、晋国和宋国是二流强国，郑国勉强排在三流上游。但是，郑国的地理位正好卡在这些强国中间，属于四战之国，又没有大后方的战略纵深，所以，郑国现在就是大国争霸的交战走廊。楚国要想问鼎中原，先要抢占郑国这个桥头堡。

如果郑国的开山鼻祖郑桓公姬友在天有灵，肯定要劈头盖脸地痛骂当年给他选址建国的史官伯阳甫贻误子孙。

令尹子元被寡嫂调动了肾上腺素，但他也知道楚国自从他的兄长屈瑕时代建立的传统：不胜不归，他的哥哥楚文王就是被这个传统搞死的。这一仗只能胜，不能败，如果败了，自己的小命就交代在了郑国。

为了稳胜不败，令尹子元几乎是集结倾国之兵。《左传》

罕见地着重强调"子元以车六百乘伐郑"。孔子的《论语》中有一句成语"千乘之国",形容一国之大,兵强马壮,这种千乘之国也只是传说中的超级大国。这次国力二流的楚国集结六百乘战车伐郑,可谓倾巢而出,难怪左丘明特此说明战车数量,主要是令尹子元心里发虚,没有十足的把握不敢贸然出兵,肾上腺素这玩意儿,多数是靠不住的。

"凡师有钟鼓曰伐,无曰侵,轻曰袭",这是《左传》庄公二十九年关于伐、侵、袭的定义。楚国这次修理郑国,美其名曰伐,那肯定得大军开道,钟鼓喧天。

不但兵强,而且将广。楚国众多人名在春秋史中罕见地被左丘明一一列队排出:令尹子元率领斗御强、斗梧、耿之不比打前锋,斗班、王孙游、王孙喜殿后。此处用心只想隆重表达一个意思:楚军阵容强大。

这些人中,斗班是典型的高干子弟,楚国第一任令尹斗伯比之子,因为他继任了斗缗,成为大楚国申县之长,所以史书上习惯称之为申公斗班。既然申公斗班参战,那么这次伐郑肯定动用了楚军王牌——申息之师。

杀鸡用牛刀,说明令尹子元真的没有底。

此时郑国主政的是小霸郑庄公的孙子、郑厉公的儿子郑文公,郑国已经今非昔比,基本眼睁睁地看着齐、晋、楚玩《三国杀》,自己成了陪衬。郑文公面对凶神恶煞的荆楚蛮夷,只有躲得起才是真功夫。好在楚国一路大张旗鼓，郑国早已得到敌情，有充分的时间跑路。跑路之余，赶紧报告诸侯一哥齐桓公：兄弟正在被人攻击。

就在前一年的幽地会盟，郑国已经通过歃血盟誓的方式，认齐国做了大哥。齐桓公也刚刚被周惠王封伯，官方认证的诸侯老大，所以楚国伐郑，齐桓公不能不管。

令尹子元几乎一路畅行无阻，因为郑人早已跑路，采取不抵抗政策，有序撤退。等到楚军长驱直入到达内城时，眼前的情况比较诡异：内城闸门开放，一副等君入瓮的模样。

春秋时期内城闸门称之为县门，县门是最后一道城门，所

郑人设计，请君入瓮

以设计特殊,没有采用常规的两扇门板左右合闭,而是一扇闸门上下移动,犹如水闸,其结构比普通城门坚固。因为闸门被上下悬起控制城门,取"悬"意谓之县门。

关于县门,孔颖达注解:"县门者,编版广长如门,施关机以县门上,有寇则发机而下之。"

令尹子元傻眼了,大呼:"郑有人焉。"

这意思到底是在感叹郑有高人,还是郑国内城埋伏有人,估计二者兼之。

总以为郑人闻风跑路,原来在此下套,这完全不符合周天子规定的交战礼仪。的确,查遍《司马法》,也没这么玩的,直到八百多年以后的三国时期,诸葛亮才将这种玩法发挥得淋漓尽致,人称空城计。估计诸葛亮熟读《春秋》,两汉时期,罢黜百家,独尊儒术,《春秋》已成为儒生首当其选的教科书。

此时的郑人已经跑到了东南方向一百多公里以外的桐丘。桐丘,春秋时期的郑国领土,今天的河南省扶沟县境内。这里临近宋国,齐、鲁、宋三国联军也正在驰援赶来。虽然齐、鲁、宋、卫、郑等中原列强平时摩擦不断、相互争执,但是对待荆楚蛮夷的态度上意见一致,同仇敌忾。

面对一座空城,令尹子元曾经被寡嫂激发出来的那点热度开始退烧了。楚国铁律是不胜不归,现在已经带兵长驱直入,所向披靡，只差一座内城没拿下，几乎追到了郑文公头上，大胜不算，小胜足矣，留得小命在，不怕没粮吃。

楚军撤退了，再不走的话，有可能被齐桓公率领的诸侯联军群殴。令尹子元本来就是作秀，只为一博寡嫂芳心。

不知是楚军仓皇撤退，还是也想以其人之道还治其人之身，也玩了一把空城计，留下了一座空的军营调戏对手。这回轮到郑人迷惑了，有家不敢回，进退两难，直到谍报人员侦察到楚军的帐篷上落满了乌鸦，这才确信楚军的确跑路，于是打道回府。

虽然这次楚、郑双方都放了一通空枪，但是中华军事理论前进了一大步，作战双方不再迷信周礼，袭击战、谍报战合情合理地被引入战争，兵家三十六计开始初见端倪。二十多年后的泓水之战，宋襄公还在愚昧地坚持以"礼"作战，但沦为笑话，加速了周礼指导打仗原则的土崩瓦解。

周礼虽然让华夏民族走向文明，但是周礼也限制了人们的想象。春秋后期，百家争鸣时代的到来，实际上就是礼崩乐坏的进步，无论是春秋争霸还是战国争雄，崛起的一方都是周礼统治比较薄弱的地区。

这一年是公元前666年，也是鲁庄公二十八年，还发生了一件大事，那就是作为周惠王封齐桓公为诸侯之伯的回报条件，齐国修理了卫国，敛财而归。

4.归政成王

令尹子元自从伐郑归来,目空一切,直接搬进楚王宫。

此时的王宫有两位主人,一位楚成王,另一位是楚成王之母息夫人。令尹子元挤进王宫,目的很明确,就是霸王硬上弓。

按照道理,最不可容忍的应该是楚成王:跑到寡人的王宫来骚扰,这已经不是要不要脸的问题,而是楚国上下已经分不清楚谁是楚王了。楚成王还是忍了,但是他明白,即使在王宫内,他只是个乙方,令尹子元才是甲方。

但是,有人忍不住了,这个人就是斗廉,楚国首任令尹斗伯比的弟弟。论辈分,斗廉是楚武王的叔叔辈,也就是令尹子元的爷爷辈,曾经在蒲骚之战和修理邓国的战役中不辱使命。不知道是否因为斗廉擅长射箭,史书中又称之为斗射师。斗廉看到令尹大人劳师伐郑,无功而返,却无视君王,于是扛着楚国三朝元老的一张老脸,谏言令尹大人回头是岸。

令尹子元恼羞成怒,直接抓了斗廉,戴上夹铐。

的确,叔嫂之好符合周礼统治下的烝报婚的规则,但是令尹子元没想到息夫人的人气如此之高,铁粉们就是不想看到这颗白菜被猪拱。历史上，当一国之中的二号首长治罪三朝元老的时候，这位二号首长就站在了人民群众的对立面。这次也不例外，斗廉是楚国最大政治阵营斗氏家族的泰斗，气场之大足以怼天怼地怼空气。

子元阵营和斗氏家族的矛盾由来已久，本来楚国令尹这个职位就是斗氏家族的目标。

于是，借着斗廉这个导火索，斗氏家族造反了，一阵血雨腥风之后，申公斗班革了令尹子元的小命，楚国政坛重新洗牌，终于还政楚成王。斗伯比之子斗子文取代了令尹子元成为二号首长，春秋时期楚国的一代名相问世，史称令尹子文。

令尹子文在历史上又被称为斗谷於（wū）菟（tú），这个有点类似日本人的名字，其实是荆楚大地的原生态方言，"谷"是"乳"的楚地土话，於菟是老虎的别称，字意理解就是虎乳子文。当然，那必须是只母老虎。

现在的湖北孝感市云梦县，古址被称为於菟，春秋时期这里和安陆接壤，曾经都是郧国领土。云梦县这个诗情画意的名字，是继承了云梦泽的历史遗产。云梦泽是春秋时期"泽"字辈地名中的代表，它覆盖了长江和汉水泛滥形成的平原夹杂湖泊的汉江三角洲地带，云梦泽这个地名，也确切地形容了先秦时期这一地域的地形地貌。经过两千多年的沧海桑田，如今这一地区基本上被平原取代，沼泽不存，因此名字去"泽"，保留云梦，表达今人对那段历史的遐想。

令尹子文就出生在云梦，是楚国首任令尹斗伯比和郧国公主兼表妹的私生子。郧国后宫难以接受这种丑事，于是将刚出生的斗子文抛在了荒野。当再次被发现时，令尹子文被一只老虎哺乳抚养，众人皆以为神奇，于是斗伯比认了这个於菟儿子，郧国公主也奉子成婚。这情节想象力丰富，直逼如今的美国大片，令人难以置信。

令尹子文上位，不止是因为他是斗伯比的儿子。这次除掉令尹子元的申公斗班，是令尹子文的兄弟。

至此，春秋初期的几位名相贤臣都已经走入历史、进入职场：管仲领衔，叱咤风云，齐桓公特奖励豪宅一处，《左传》记录"三十二年春，城小谷，为管仲也"；鲍叔牙中场休息，纵情美食，偏爱一种海鲜美味，由于这种小海鲜外壳形似士兵手中的盾牌，因此称之为盾鱼，自从被鲍叔牙捧为盘中珍馐之后，盾鱼从此改名为鲍鱼；另一位秦国首位名相百里奚，此时已经年过半百，还在虞国屈就，郁郁不得志，窝囊得开始怀疑人生。

5.毁家纾难

楚国八年之间经过两次政变：上次楚成王和楚堵敖互戕，这次是令尹子元和斗氏家族斗法，神仙打架，庙宇遭殃，政坛血雨腥风，国库捉襟见肘。令尹子元掌权期间，所有歪门心思全用在了息夫人身上，无心理政，留给楚成王和令尹子文的是个烂摊子，当务之急就是楚国政府面临严重的财务危机。

经费不够，举债来凑，这就是现代政府的债券，古代也一样。只不过春秋早期，列国政府举债，只能面向土豪贵族，暂时轮不到平民头上。

这是因为大部分平民都被套牢在"八家为井，中有公田"的井田制生产中，这些"井田人"除了耕种私田，还要合伙耕种井田中心的公田，要不然将失去私田的耕种权。经过贵族精英阶层的精确盘剥，这些平民基本上不是月光族就是年光族，要不然这些井田人会利用耕种剩余价值进行扩大再生产，发家致富，最后威胁公田所有人——贵族的社会地位。所以，只有贵族，这些平民基本上没有能力承担楚国的政府债券。

在东周初期，排名在天子、诸侯之后的第三梯队——贵族阶层开始抬头，著名的"鲁国三桓"已经初见端倪，齐国的三大家族——姜氏、高氏、国氏已经形成气候。接下来,"郑国七穆""晋国六卿"也将逐渐跟随。"天子建国,诸侯立家,卿置侧室,大夫有贰宗,士有隶子弟,庶人工商各有分亲,皆有等衰",这是西周分封建国所形成的严格等级秩序,从周天子、诸侯、卿、大夫、士、庶人形成了一条食物链。如果进一步简化,这条食物链就是:君主—贵族—平民。西周时期君主和贵族之间的管理纽带是血缘关系,血亲越近,贵族越"贵";贵族和平民的关系是土地关系,土地越多,贵族越强。无论遵照哪种游戏规则,贵族阶层都将按照挤出效应,越来越强。纵观整个春秋战国的发展史,实际上就是血缘政治向地缘政治的衍变史。

楚国也不例外,且不说在战国后期,成语"楚虽三户,亡秦必楚"中所指的屈、景、昭三大家族,就在楚成王时期,斗氏家族、屈氏家族外加令尹子元家族肯定不能缺席,其他的小鱼小虾也蠢蠢欲动。

现在令尹子文凭借政变当权,楚国政府陷入经济危机,实际上也是一场政治危机。如果令尹子文为了楚国政府度过经济危机去薅各大家族的羊毛,那么,这场经济危机真有可能又变成一场政治危机。

在这样的历史背景下,楚国一代名相诞生了。

新官上任三把火,令尹子文的第一把火就在历史上把自己燃爆了。首先，子文自掏腰包帮楚国政府的财务危机买了单，这肯定不是个小数。《左传》用了一句"自毁其家以纾楚国之难"，字里行间传达了两个信息：第一，令尹子文家族富可敌国；第二，令尹子文倾囊而出。一夜之间，子文富豪变贫民。

难道这是令尹子文买官、楚王卖官吗？在中国历史上，买官卖官始于秦朝，《史记·秦始皇本纪》记录：秦始皇上位的第四年，天下疫情，国库空虚。于是秦政府不得已才明码实价："百姓内粟千石，拜爵一级。"

别人买官属于投资，有"一年清知府，十万雪花银"的说法。但是，子文的做法比较另类，完全是裸捐。第一，捐到自己生活朝不保夕，楚成王每天上朝议事，要给这位令尹大人准备肉一束、粮一筐，回家过生活；第二，零收益，子文非但不贪，而且严禁族人沾光，老板屡次要为其提高薪水待遇，子文屡次拒绝，被孔子形容为"三仕三已"，直到南宋辛弃疾以一句"世间喜愠更何其，笑先生三仕三已"的词句流传，"三仕三已"以成语形式镌刻在中国传统文化中。

楚成王在位51年，子文居伊尹之位27年，三起三落，成为楚国二号首长大位上的职业经理人。八百年泱泱楚国，以人格高尚而垂名青史的，第一当数屈原，第二当数令尹子文。屈原用自己的生命捍卫了爱国主义思想，令尹子文则"自毁其家，以纾国难"，贫其家而忧社稷，在位期间思想开明，秉公执

令尹子文为国掏空家财,生活朝不保夕,每次上朝,楚成王都要给令尹子文送粮

法,律己恤人。

虽然令尹子文一直靠吃国家低保过日子,但是楚国的日子却蒸蒸日上,成为仅次于齐国的南方大国。

这得益于楚成王时期楚国的外交方针发生一个根本性转变,不再延续楚武王时期和周天子分庭抗礼的政策,也开始模仿齐桓公,走尊王攘夷的路子,主动向周惠王进贡,周惠王也投桃报李,向楚成王"赐胙"。赐胙字面意思就是赏赐肉菜,这个肉菜可不是一般的肉菜,是周天子祭天祭祖的祭品,是上天开光、列祖列宗赐福过的美酒佳肴,赏赐给楚成王,那就是等于承认大家同门同宗，同吃一锅饭了。

楚成王可不理会周惠王所赐之胙，楚国看中的是周天子赐胙后承诺的干货："镇尔南方夷越之乱，无侵中国。"这等于承认楚国在南方的寡头地位，看谁不顺眼，可以合法收拾，这里的"中国"指的是中原之国，至于要不要侵略中原，关键看我楚王高兴不高兴。

有了周惠王的册封，楚国在南方的江湖地位，一下子变成了中央政府派来的接收大员，用不着楚国亲自动手，荆楚大地上的无爵无名之辈，自然会慕名投奔，归顺楚政权。西周之初，周天子分封了一些"江汉诸姬"，其他在荆楚大地上自行建国的都属于绿林好汉式的、游离在周王朝序列之外的小鱼小虾，这些小鱼小虾就是周惠王所指的"夷越之乱"。现在楚国可以对其煎炒烹炸，等到这些小鱼小虾填腹饱肚之后，被形容为"楚地千里"。

楚国建立之初，方圆五十里，此时楚地千里，增长了二十倍之多，在国土面积上已经超越了霸主齐国和北方崛起的晋国。

这时候，齐国的一哥地位受到了威胁，齐桓公坐不住了。

第九章

南下逼楚

1. 楚国有矿

楚国坐大，不只是因为楚地千里，更关键的是楚国有矿。

这个话题还要从夏、商、周时期的货币说起。考古发现华夏先人大约从夏前时代开始使用货币，最初的货币是贝壳，称之为贝币，贝壳也是古人挂在脖子上用来炫耀的装饰品，所以与钱财支付有关的汉字多属"贝"部偏旁，比如：赔、赋、财、货、贷、赐、贸、赙字等。贝壳这玩意在渔海航行业欠发达时期，具有质地轻便、形态稳定、数量有限的特点，但也有大小不一、品种不齐的缺点，总之难以标准化。

在贝币统治商品交换时期，贝币的单位叫作"朋"，人们将贝币穿成十枚一串，称之为朋，后来"朋"字之意才逐渐演变为朋友。在人类社会经济发展中，贝币的统治时间远比金属货币要长。考古发现，在西周早期，贝币还在普遍使用，据1955年到1957年对西周都城镐京所在地，现在陕西长安区沣河两岸的182座西周古墓的挖掘资料来看，其中95座都出土了贝币陪葬品，占到一半以上，其他地区出土的西周墓葬贝币陪葬品也相当普遍。

虽然没有贝币何时被取缔的具体时间，但到了春秋战国时期，贝币已被淘汰，金属货币开始流行，原因当然不言而喻。如果贝币保持坚挺不败，那么在以齐国为首的东夷沿海诸国，估计捡贝壳将成为支柱产业。当人类社会走进青铜时代，贝壳已经失去了炫耀财富的功能，人们的装饰品也被青铜制品、玉瑙珠玑，甚至黄金所取代，随之而来的，铜块、铜饼、铜线、布币、刀币、圜钱、金饼、银块等金属货币统治了商品交换。

楚国就占了这个大便宜，楚国家里有矿，盛产金属。

楚地多铜，古有铜绿山，这只是一个方面；另一方面，楚国多产铁。考古发现，我国出土的早期铁器大都出于楚国，目前出土的楚国早期铁器从20世纪70年代的10余件增加到40余件，时代上限从春秋晚期上溯到了春秋中期。

这些还算不上什么。

古代的楚国还盛产金银珠玉，价值连城的和氏璧原产地就是楚国。《战国策·楚策三》载："黄金、珠玑、犀象出于楚。"《史记·货殖列传》录：江南出黄金。《管子·轻重甲篇》录："楚有汝汉之黄金。"《史记·越王勾践世家》录：楚有"三钱之府"的说法，成语三钱之府就是这么来的，三钱指的是赤、白、黄三钱，即金、银、铜。

楚国守着三钱之府，那就是守着钱袋子，楚国的矿产涵盖金、银、铜、铁，在古代，那几乎就是"大满贯"了。关键是这几种玩意比人更值钱，春秋时期的祭祀和战争，这两件大事都离不开青铜器皿和金属兵刃，没有这些玩意，即使牛到天上的周天子也只能点堆篝火祭祖，拿根烧火棍打仗。所以楚国不但守着钱袋子，而且垄断着战略物资。

《左传》记录了鲁僖公十八年的一个案例，历史背景是当时已经楚强齐弱，郑国已经拜倒在了楚国膝下。楚成王作为回报，赐给郑国铜材，随即又后悔，担心铜材被郑国用于制造兵器，于是强加给郑国一项盟誓条款："无以铸兵。"郑国很糟心，好不容易到手的战备物资不能物尽其用，只能用这批铜材铸造了三口大钟，向楚王传达和平的信号，这应该是人类历史上有记载的最早的和平钟。

2.挺进中原

楚国在楚成王的领导下,楚成王在令尹子文的辅佐下,楚国强大了,楚成王雄心勃勃,开始挺进中原。

从《左传》的字里行间可以判断,此时的江汉诸姬基本上已经被楚国荡平,这才有"周之子孙在汉川者,楚实尽之"的说法。特别是诸姬之首的随国,在楚武王临终之际,楚莫敖以"入盟随候"的盟誓方式,让随国也成为楚国的附庸。附庸国虽然保留了君主世袭的完整,但在政治、军事、外交上要听从于宗主国,并且要在祭祀活动中,以祭拜宗主国祖先的方式,向宗主国表达忠心,否则将被修理。这就好比,在姬姓家族的祠堂里,供奉着芈姓祖先,情何以堪。

随国是附庸中的模范,相当具有契约精神,即使在一百多年后的第二次召陵之盟时期,也就是鲁定公四年,左丘明还用"世与盟誓,至于今未改"来形容楚随之间的"世代恒久远"的同盟关系。

站在周礼的角度上看,楚国统治江汉诸姬,属于落后文明统治先进文明,所以楚国只能采取高压强硬手段。对于江汉诸姬,楚国采取了三等级别的统治方式:第一等,歃血为盟,享受附庸待遇；第二等，迁国移民，君子大夫，保留体面；第三等，灭祀灭国，撤国置县。在江汉平原、荆楚大地上，面对楚国，几乎人人自危。

随国原本是周天子"封建亲戚以藩屏周"的抗楚先锋，此时已经跟着楚国混，成为楚国染指中原的跳板。此时楚国的胃口，早已不是小鱼小虾所能满足，楚国的战略目标是郑国。因为郑国是中原的心窝子，中原列强的代表，背靠着两个超级大国——齐国和晋国，偎依在周天子门下，挨着更加老牌的宋国。楚国一旦吃下郑国，就可以在中原大地上四面开花。

楚国修理郑国，可能会途经蔡、许、陈等国，可谓跋山涉水，即使现在开车走高速也要六百多公里，在军事上，属于典型的劳师袭远、远征北伐，楚国竟然完全不惧这些诸侯在中途打黑枪。首先说明这几个诸侯显然没和郑国同穿一条裤子。郑庄公的小霸时代，蔡、许、陈就饱受郑国欺辱，一报还一报，这哥几个恨不得郑国去死。其次，楚国威逼碾压这哥几个已经不是一天两天了，要想和楚国叫板，蔡、许、陈捆在一起也不够，实力决定态度，大家任由楚国横行霸道。

鲁僖公元年，也就是公元前659年、楚成王十三年，楚国伐郑。

这一年，楚成王二十出头，血气方刚。就在这一年，诸侯一哥齐桓公刚刚完成了存邢救卫大业，威望高涨，如日中天。

鲁国也度过了庆父之乱,重出江湖。齐桓公是周天子钦定的中原霸主、诸侯统领,郑国是中原的心窝,属于齐桓公的霸权范围。楚国伐郑,明摆着就是要与齐国争霸。

所以,这事齐国不能不管,如果郑国被打废了,和楚国歃血同盟,那么,蔡、许、陈等小弟日后肯定跟着楚国混。

霸权之争,就是老大与老二之争,实际上就是多米诺骨牌效应。打个比方,一个狼群,有自己的地盘、群狼和头狼,头狼就是老大,它不用捕猎也可以优先享受猎获,不用求爱,也可以随意占有狼群中的异性,也可以仲裁老二和老三之间的矛盾纠纷。因为它是老大,老大之大,大在特权。收保护费、薅羊毛、制定游戏规则,这都是老大的特权,目的就是独家享受优势资源,站在食物链的最顶端。如果有朝一日,这只头狼被竞争者打败,那它就失去了特权,特权一倒,犹如多米诺骨牌一样,连锁效应,以前的朋友全部变敌人,它的一切都将失去,甚至性命。

秋季楚国伐郑在先,八月齐桓公开会在后。会议的核心议题是支持郑国抗楚,会议的地点选在小城柽(chēng)地。虽然柽地不可知,但"柽"字可考,就是现在所指的柽柳,罕见的一年三度开花植物,可入中药。齐桓公、郑文公、宋桓公、鲁僖公以及考证不出具体名字的曹国、邾国老大共同参会。值得一提的是小小的邾国在这一历史时期很活跃,史书中曝光率很高，各种冲突场合总会好事加入，江湖上传闻的人小心大、国小好斗，果然名不虚传。

郑文公这次能脱离战事前来开会，说明前线还不吃紧，没到你死我活的地步。这次会议最大的成果就是各方举行了盟誓，说明会谈达成了一致意见。会谈的最大特点就是雷声大、雨点小，否则就不会出现郑国接二连三被楚国虐，而且虐相越来越难看。

3.阳谷之会

楚成王被六国联合声明唬住了,退回了楚国。

但这事没完,因为这次事件背后的主因就是齐楚争霸。

齐桓公首先向楚成王发难。第二年秋天以会盟的方式,把楚国的两个传统小弟黄国和江国收到了自己麾下,《左传》录:"秋,盟于贯,服江、黄也。"

黄国,远在楚武称王的沈鹿会盟时期,就已经认楚国做了大哥。

江国,比黄国更北更西,守着淮水北岸,位于现在的河南正阳县境内,与黄国隔一淮之水,全球江姓华人故里。

贯即古贯国,位于现在山东曹县,挨着郜国和古莘国,殷商方国,西周时期被灭,春秋时期撤国置邑,称之为贯地。贯国和邻居郜国都以擅长铸鼎而留名历史,《礼记·明堂位》有:"贯鼎,天子之器。"此时的贯地归属宋国。

黄国和江国投靠齐国,这是在打楚国的脸。楚成王以牙还牙,于是当年冬天,继续修理郑国,这次战果丰富,俘虏了一位郑国高层人士聃伯。之所以谓之郑国高层,是因为聃伯本人背景强大。《春秋》称郑国老大为郑伯,称楚王为楚子,聃伯也称为伯,可见实力非同一般。这位聃伯的确身世高贵,贵过郑国,全权代表着曾经的中原方国之首——聃国。聃国的开国君主是周武王的同母弟姬载。西周讲究血缘,姬载是周武王的弟弟,高贵指数郑国望尘莫及,姬载也因此成为冉姓先祖。但是,高贵的聃国干了一件不高贵的事,老大娶了一位同姓郑姬为妻,亵渎了西周铁律同姓不婚的条款,给了郑国口实,趁机灭了聃国,《国语》中才有了"聃由郑姬"而亡的说法,可以推测,这事十有八九是郑武公干的。

楚国修理郑国,面对这样的挑衅,齐桓公当然不会善罢甘休,这是在威胁他这个诸侯一哥的地位。第二年秋季,齐国拉上宋国、江国、黄国在宋、卫之交的阳谷召开会议,号令中原列强,准备攻打楚国。这次郑国没有参加。

阳谷第一次走进了中国历史,这个阳谷就是现在的山东阳谷县,武松打虎成名地。

阳谷之会,《公羊传》和《谷梁传》都有记录,齐桓公满嘴的正能量,给这几个小弟谆谆教导。当然,按照常规,与会各方要发表一个联合声明,这份声明肯定会传到楚国,楚成王的反应是:天要下雨,娘要嫁人,随他去吧。

接下来,楚国依然执着,继续修理郑国。

郑文公扛不住了,准备城下之盟,君子大夫,保全体面,就当多认一个哥。

危急时刻又有贤人出：孔叔，史籍中只有其名，没有交代其他任何相关资料，只知是郑国大夫。

这位孔大夫力谏郑文公宁死不降，坚持抗楚，理由是："齐方勤我，弃德不祥。"

透过现象看本质，楚国屡次伐郑，真正的目的是杀鸡给猴看，与齐争霸。楚国虽然强大，但与齐国相比，最多就是个老二，齐国才是周天子册封的天下盟主，齐国现在力挺郑国，郑国却倒戈楚国，前景不妙啊。

总之一句话，政治站位很重要。

郑文公总算硬着头皮扛住了，等待齐桓公出手相救。

4.齐桓公的糟心事

在齐桓公眼里,楚国是他制定的"尊王攘夷"政策中的半个专政对象,就是一个披着华夏外衣的荆楚南蛮。只不过楚国的实力不容许他抬手就揍,还需要准备。

而且,齐桓公此时遇到了一件糟心事,老婆改嫁了,而且江湖传闻,改嫁目的地就是楚国。

齐桓公夫人众多,有名有姓的就有九人:王姬、徐姬、蔡姬、长卫姬、少卫姬、郑姬、葛嬴、密姬、宋华子。

春秋时期,周礼规定:诸侯一娶九女,一妻八妾,定岗定编,不能再娶,不能像周天子的后妃编制,满员可以达到一百二十一人。齐桓公算是把这个规则用到了尽头,全员到岗,在此基础上又增加了创新元素,不再执行一妻八妾制度,而是一碗水端平,九女九妻,全部享受夫人待遇,这也为他死后齐国大乱埋下了祸根。

其中蔡姬来自蔡国,是蔡哀侯的女儿,蔡穆侯的妹妹。蔡哀侯因为调戏息夫人,招来灭顶之灾,被楚文王掳到楚国,判了个终身监禁。1999年在丹江口水库楚国墓葬考古中,发现了蔡哀侯的青铜佩剑,也旁证了蔡哀侯死于楚国这一历史记录。蔡穆侯继位后,深刻领会到小弟傍大款这一江湖规则的重要性,于是将妹妹蔡姬献给了齐桓公为妻,想给自己找个保护伞。

可是,这对老夫少妻情趣不同步,齐桓公贪色,蔡姬贪玩。有一次夫妻二人在湖中划船玩浪漫,蔡姬年少调皮,故意晃动小船撒娇,齐桓公年老体颤,大惊失色,感觉被小女生调戏了,于是作为惩罚把蔡姬送回了娘家,但是这位春秋霸主态度明确:蔡姬回娘家只是接受贤德淑女再教育,仅此惩戒,并未休妻。谁知道蔡穆侯觉得家门受辱,咽不下这口气,一不做二不休,把妹妹择婿另嫁。江湖传闻,楚成王做了接盘者。

没说的,齐桓公只有开战这一条路了。

齐桓公三十年,也就是鲁僖公四年,公元前656年春,齐国纠集八国联军,中原列强齐、鲁、宋、卫、郑一个不少,外加三个小弟:陈国、许国和曹国。

这是春秋以来阵容最为强大的诸侯联军。

联军首先拿蔡国开刀,蔡国本来就是菜鸟一只,面对八国联军上门群殴,《春秋》经文只给了两个字:"蔡溃"。《公羊传》还算给面子,用了十三个字进行圆场:"溃者何?下叛上也,国曰溃,邑曰叛。"基本上可以肯定,蔡穆侯是让自己人坑了,手下人把蔡侯当作投名状献给了齐桓公。楚成王眼看着蔡国被人虐,表现低调,反应淡定,的确,与齐国为首的八国联军相比，实力不允许他太高调。

接下来轮到楚国了。

碾压完蔡国之后，八国联军并没有直接南下，而是收兵回到了径地。春秋战国时期，被称为"径"的地方有多处：韩国径地，吴国径地，周桓王和郑庄公的周郑易田中也有个温国径地。"径"原指两山断处，因为两山相断之处必有路，所以"径"初意地势险要，会意代表路径。八国联军所驻扎的径地，肯定是因地势险要而得名，杜预注解此径地在古召陵县南，即今河南漯河南郾城区东。郾城在历史上出名是因为曾经发生过岳飞大战金兀术的郾城之战，可见径地的确是兵家必争之地。

径地在蔡国以北，说明八国联军并没有挥师南下，只是做了一个饿虎扑食前的摆拍姿势。

5.风马牛不相及

楚成王的心机算盘肯定也没闲着,知道齐桓公组建八国联军,肯定不只是为了修理一个小小的蔡国,碾压蔡国只是为了敲山震虎,志在楚国。但是,齐桓公现在陈兵径地,既不上门约战,也不邀战径地,说明大家还有商量的余地。

齐桓公暗示,楚成王接招。于是,楚国派出了使者,先和八国联军打一打口水战,以探虚实。

使者就是春秋期间的外交官,备受尊重,享受"两国交战,不斩来使"的外交豁免权。关于使者,《左传》昭公十六年这样描述:"承命以使,周于诸侯,国人所尊,诸侯所知。"按照出使目的,使者又分为:盟会之使、聘问之使、婚姻之使、刺探之使、莅盟之使、讨让之使、纳赂之使、乞师之使、献捷之使等。

显然,楚国这次是打着献捷之使的名,干着纳赂之使的事,真实目的是派出了一位刺探之使——恭喜以齐国为首的八国联军伐蔡大捷,以资鼓励,实际上刺探军情。

使者出使,两个环节不能少,一是接待方的"逆郊"仪式,二是出使方的"献币"仪式。逆郊也叫郊迎,就是出到郊区，高规格迎接；献币就是使者献礼，这个中国人都懂，钱少了，那是礼节，钱多了就是贿赂。以楚国的实力，特别在这个节骨眼上，献币数目肯定不能少，献币就变成了纳赂。

  按照外交对等原则，齐桓公派出了管仲接待，楚国使者首先捎来了楚国人民的亲切问候和楚国军队的严重关切：贵国在北方，楚国在南方，本是风马牛不相及，现在八国联军陈兵边境，以大欺小，意欲何为？

  这就是成语"风马牛不相及"的出处，言下之意，即使发疯的马和牛乱跑，也不会跑到对方的地盘。

风马牛不相及

管仲被楚国使者发明的成语打了脸。但管仲毕竟是管仲，不会跟着楚国无名氏的野路子打嘴仗，春秋论坛上讲的是礼，估计荆楚南蛮连《周礼》都没读全。

管仲说：当年周召分治时期，召公奭（Shì）命令我太公望姜子牙"五侯九伯，汝可实征之，以夹辅周室"。

五侯九伯指的是公、侯、伯、子、男五等诸侯和九州之长，意即除了周天子，皆可征伐，齐国岂不成了征讨天下大将军？

楚国使者蒙了，啥叫周召分治，当时这个世界上不一定存在楚国，所以，楚国没有这堂课。

管仲占了上风，接着忽悠。

征伐范围：东至于海，西至于河，南至于穆陵，北至于无棣。

这个范围到底有多大？只有东至于海的海比较清楚，就是太平洋。西至于河的河，黄河？淮河？长江？汉水？洛河？南至于穆陵中的穆陵那就多了：山东临朐、湖北麻城、陕西咸阳、淮南地区等在中国历史上都曾出现过穆陵。北至于无棣中的无棣，好像争议不大，就是山东滨州市的无棣县。

杜预注："穆陵、无棣，皆齐竟（境）也。"

这么一看，召公奭圈定的征伐范围也就是齐国境内，拿召公奭的命令来过桥，齐国征伐楚国，相当于隔山打牛。再说了，召公奭也没有任命齐国作为征讨天下大将军的权力。

但是，管仲说到了楚国使者的短板上，楚国太蛮夷了，关于东周革命史，缺乏基本常识。

管仲接着继续忽悠：你们楚国时至今日，还欠着周天子的份子钱没上缴。周成王时期，楚国才封地建国，念及楚国太小太穷，其他诸侯上贡的都是盐鱼钱粮，楚国只需包茅之贡。说白了，就是送上几包菁茅草敷衍了事，用来给天子缩酒祭祀。国之大事，在祀与戎，尔等不按时上贡包茅，影响了天子在先祖神灵前保佑苍生、祈福求祥，楚国可知罪？

缩酒就是滤酒，把菁茅扎成束，用来过滤浊酒中的酒糟杂质。楚武称王后，就不再认周天子这个干爹了，停止了包茅之贡，这玩意不值几个钱，周桓王也没当回事。按照现在楚国的经济实力，最起码得上升到青铜之贡。

楚国使者无言以对，理亏道歉。

管仲步步紧逼：当年周昭王南巡不返、溺水而亡，楚国应当负责。

的确，当年周昭王南征荆楚，结果船沉汉水，溺水而亡。当年是哪年？公元前977年，说话时的三百二十年前。管仲这是拿着前朝政府的借条，伸手向当朝政府要求还钱。

楚国使臣醒悟了，这分明就是欲加之罪，何患无辞。只能硬怼，外加挖坑：管仲老师，这一段东周革命史，楚国人民蛮荒愚钝，没有深入学习，还请您亲自问一问滔滔汉水吧。

这回答绝对令人拍案叫绝！言外之意，楚国当年虽小，周天子不是也南征不归，现在楚地千里，尔等也敢上门滋事，那就等着汉水见证吧。

一通唇枪舌剑下来，双方一比一平。但双方的底牌基本亮出，一个要面子，不战而屈人之兵；一个要里子，不战而退人之兵。

6. 楚国的牙长齐了

楚国之所以嘴硬，是因为楚国的牙长齐了。

经过多年的经营，楚国修建了一条南北防火墙，这就是方城。《汉书·地理志》载："南阳郡，叶，楚叶公邑。有长城，号曰方城。"

初闻方城，很容易和春秋楚地、现在的南阳方城县拉近距离，大多数国人都会误以为楚国大名鼎鼎的方城就是现在的南阳方城县，因为经过考古，方城县的确存在着楚长城遗址。其实，方城不是一座城，而是一条长城，是被称为中国"长城之父"的楚长城，论其历史，早过齐长城。估计当年齐桓公在召陵之盟感受到了楚国方城的强大，回国之后才开始策划修建齐长城。

现代考古发现，楚长城西起伏牛山主峰尧山，经过南阳方城县，沿着南阳盆地北部和东部边缘，蛇行向西向南，到达鄂豫交界的桐柏山主峰太白顶，延绵三百八十公里，正好将荆楚大地和中原列国一分为二。楚长城和齐长城、秦长城结构相同，都是自然山险和人工筑墙的结合体，只不过相较而言，楚长城略微简陋，《括地志》称楚长城"有土之处，筑土为城；

楚长城示意图

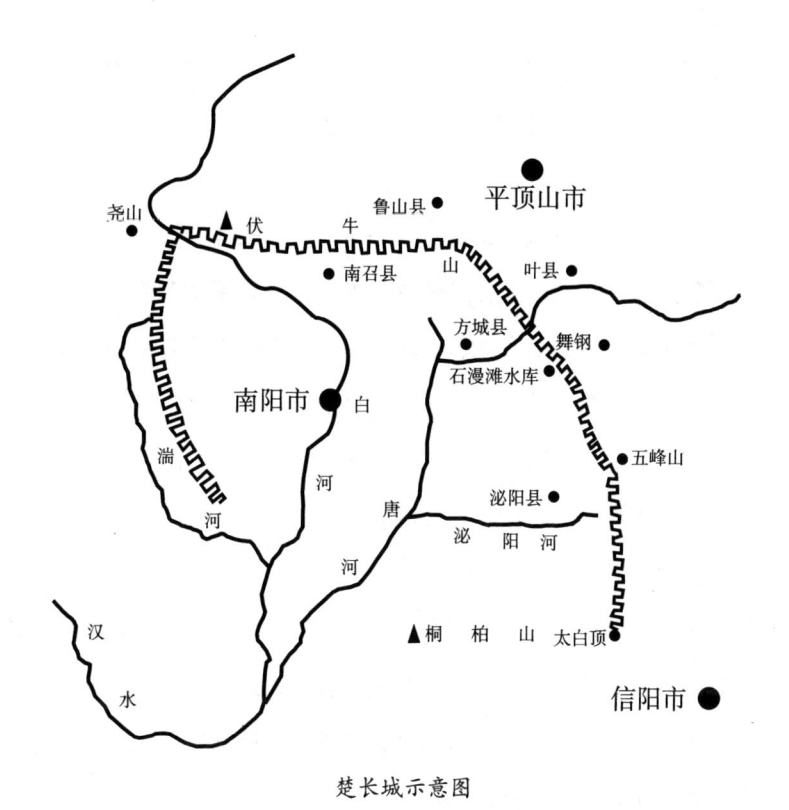

无土之处，垒石为固"。

楚长城并非朝夕工程，而是一个旷日持久的跨世纪工程。同时，楚长城是楚国的一条永久性军事防线，作用就是防止中原列强南下侵楚，所以，楚长城是楚国军事防御战略时期的产物。楚国从楚武王时期就从军事防御转向军事对抗，提出了"欲观中国之政"的主张，到了楚成王时期完全就走上了军事进攻的路线,因此可以推断,方城在楚文王时期就已经基本成形。

春秋早期,鲁班还未出生,云梯还未问世,所以,无论是楚长城,还是土长城,都是对车马骑兵的有效屏障。

除此以外,楚国还在经营着另外一项重要军事工程——负函城。负函城不同于方城,它是一座真正用来屯兵驻军的城池要塞,用于战略进攻,和方城的战略防御功能完全相反。负函城就是战国时期楚国的城阳城,位于现在河南信阳的城阳城遗址,地处淮河流域,中国南北气候分水岭,素有"江南北国,北国江南"之称。

负函城是楚国走上战略进攻路线的产物,是楚国进攻中原的桥头堡,符合楚武称王以来的大政方针,成为楚国几代领导人经营的军事重镇,所以负函城在楚成王时期已经彰显用途,发挥着楚军前敌指挥部的作用。

关于负函城,可以多说两句。

由于负函城在中国史书上记载很少,以至于身居何处都无从考证,只留下了一个"子路问津"的典故,记录下了负函城曾经是孔子周游列国所到的最南端。时光荏苒,到了两千多年后中国改革开放的早期,正当中国人聚精会神搞经济的时候,有一位曾经二十七次到过中国,名字叫作井上靖的日本著名作家,临到人生暮年,痴迷《论语》,热衷于帮中国的孔子写传记。但在写作中遇到了问题：负函城到底在哪里？带着这个问题，这位井上兄弟亲自来到了中国寻找答案，当看到了城阳城遗址，才恍然大悟：找到了，这就是负函城。

言归正传，方城负责防御，负函城负责进攻，拥有方城和负函城两大军事工程的楚国，就相当于一个武士，一手执盾，一手执矛，可杀可挡。

7. 召陵之盟

面对楚国这样的对手，即使手握八国联军的齐桓公也有点心虚胆寒，再加上昭王南巡不归的历史阴影，口水战过后，齐桓公明白，这场南北对决不是大鱼吃小鱼，而是两虎相争，互有伤亡。齐国对南下伐楚之所以准备了数年，就是因为没有十足的把握。

权衡再三，双方达成和解。

楚国认怂，承认齐桓公的霸主地位，不再北上侵犯中原，以换取八国联军退兵。为了进一步宣示霸权，昭告天下，齐桓公决定采取春秋期间诸侯国通行的盟誓方式，明确双方的权利和义务。《礼记》曰："约信曰誓，莅牲曰盟。"所以，盟誓条款不但经过神灵见证，而且受周礼保护。

为了表明诚意，八国联军从陉地撤退到了召陵，即今天的河南漯河市召陵区。对于这种行为，周礼称之为退让，《礼记·曲礼上》："是以君子恭敬撙节，退让以明礼。"

楚成王也是江湖儿女，对此报之以桃。为了展现和谈诚意，将莅盟之使直接提高了一个档次，派出了楚国三大家族之首的屈氏族人屈完前往会盟。屈完何人？竟然也能留名左丘明的《左传》？楚成王的伯父屈瑕是屈氏家族的创始人，此时距屈瑕成仁过去了43年，按照历史时空计算，屈完只可能是屈瑕的子辈或者孙辈近亲，在楚国来说算得上是皇亲国戚。

屈完之所以被左丘明青睐，还有一个重要原因：屈完莅盟，不辱使命。

此次会盟历史称之为召陵之盟。

召陵之盟上，齐桓公虽然霸气，但还是给予了莅盟之使屈完足够的待遇，亲自上阵，携手屈完共同检阅八国联军。时至今日，这种礼仪已经演变成了两国元首共同检阅东道主的国家仪仗队。面对八国联军声势浩大的兵马车阵，联军总指挥齐桓公指向屈完，开始矫情。

《左传》记下来这句桓公语录："先君之好是继。"我这次跋山涉水，不辞辛苦，来到贵地，主要是为了继续先辈之好。

屈完明白，齐桓公准备言语进攻了，上次管仲和楚国使者言语交锋没占到什么便宜，这次亲自上阵了。有带着车马卒来重温革命先辈们建立的友谊的吗？

屈完顺着齐桓公的话，继续矫情：您来了就是我们的福，正如我家楚王所愿。

齐桓公指着八国联军，说："以此众战，谁能御之？以此攻城，何城不克？"

屈完看出齐桓公已经不装了，自己只能避开锋芒，先从周礼入题：你们中原地区号称周礼为纲，讲究以德服人，以你的威望，恩德安抚，谁敢不服？

的确，周礼重礼又重德，德是内在要求，礼是外在约束。齐桓公高举尊王攘夷大旗，尊王就是尊礼，维护周礼的核心价值，齐国虽然一直秉从简礼易俗的传统，但是德绥威服、号施天下的周礼精髓，齐桓公还是懂的。

一个楚蛮子给中原霸主讲周礼，犹如学生给老师上课。屈完这是先和齐桓公讲礼，接下来就开始谈兵："君若以力，楚国方城以为城，汉水以为池，虽众，无所用之。"

这句话戳到了齐桓公的痛处，想要突破方城，南渡汉水，八国联军的确没有十足的胜算。

这是齐桓称霸以来，受到的最为霸气的一次挑战，最后双方见好就收，进行了召陵之盟，齐桓公南下称霸也到此为止。

但是，这事没完。

八国联军退兵路上，陈国玩起了小心机。因担心联军经陈国和郑国之间撤军，过境攘国，为了省去这笔接待费，陈国向齐桓公出了一个馊主意，建议联军顺着淮河东进，向东夷各国宣誓霸权，再沿海北上，胜利而归。这样的话，替陈国倒霉的将是淮河两岸的黄国和江国。不料，陈国的小阴谋被齐桓公识破，陈国又被齐国带领着黄国和江国修理了一轮。

楚国也并没有因为召陵之盟而收手，而是采取了迂回战略，改北上中原为东进江淮。显然，召陵之盟的主角是中原列强，并没有把汝、淮流域的小国纳入保护范围。楚国先是以联姻的方式，结交东夷小国，然后逐个收割：楚成王十七年，楚国首先灭掉了江国和黄国的邻居弦国；楚成王二十四年，楚灭黄国；两年后，楚灭英国；次年，楚国兴兵伐徐。当然，也有历史学家认为，楚国东进，为的是争夺铜矿和有色金属，其实，楚国啥都要——人、物、土地。

从这一点来看，陈国的馊主意是具有建设性的，虽然出发点比较阴暗。设想一下，当年齐桓公如果领着八国联军，沿着汝淮流域宣誓霸权，拉近和东夷小国之间的距离，东夷小国必然心向齐桓霸权，这样楚国就不那么容易得手了。

可惜历史没有如果。

也是在召陵之盟这一年，另外一位春秋霸主——晋文公，开始流浪人生。

第十章

此时的晋国

1.闷声发大财

齐桓公称霸期间,江湖纷争,不见秦国和晋国身影,仿佛是被霸权遗忘的角落。

此时的秦国还在西岐开荒,没有混进列强圈子。召陵之盟的三年前,秦穆公从哥哥秦成公手里接班,向上追溯,秦成公是从哥哥秦宣公手里接班,秦宣公从老爸秦德公手里接班,秦德公从哥哥秦武公手里接班。可以看出,秦国的接班人制度没有按照周礼那一套,并且不曾出现手足相残,这就是秦国的传统,历史学家也很难回答秦国是如何做到了这一点,只能说:家风传世,三观不同。

此时的晋国是姬姓核心诸侯,没有拉帮结派,不参与霸权结盟,而是闷声发大财。

因为在中原列强眼里:"晋国之方,偏侯也。"

曲沃代翼,按照周礼属于小宗上位,晋武公临终前,晋国才刚刚在周天子那里恢复诸侯国的合法地位,并且附带条件:军队只可拥有一军。在诸侯圈子里,没有话语权,只能埋头苦干。

曲沃代翼后的第二年,晋献公姬诡从老爸晋武公手里接班的同时，也接收了一个后妈，史称齐姜，齐桓公之女。虽然按照周礼，这种行为属于"烝报婚"的合法继承方式，但从太子申生的年龄推断：晋献公二十二年，重耳已经43岁并开始流浪人生，太子申生肯定年长重耳，说明晋献公继位时，太子申生早已长大成人。可以肯定，晋献公像卫宣公一样，给老爸"戴了绿帽子"，所以，后来太子申生不受晋献公待见，有的史学家认为：太子申生有可能和晋献公是兄弟关系。

晋献公尚武寡德，手底下也豢养了一帮和自己三观相同的寡贤之士，除了荀息文武双全、恪守君臣之道，其他都是一些追名逐利的职业政客：士蔿、荀息、里克、郭偃、宦官勃鞮（dī）、丕郑、吕省、郤称、冀芮等。之所以称之为士，是因为经过曲沃代翼的同姓骨肉相残，晋献公看着姬姓公族个个都像篡位谋权的敌人，不再重用，而是大量起用异姓之士。

晋献公是位铁血强人，在位二十六年，不拘一格，开疆拓土，目光所及之处，不管同姓诸侯、名流古国、大小戎狄，统统列为围剿对象，史称"并国十七，服国三十八"，国土西通河西走廊，北抵翟国，南到黄河两岸，东接河（黄河）内地区，可谓北方泱泱大国。应该说，晋献公算得上是对晋国版图贡献最大的一代君主。

这位铁血仁兄相当高傲，视周礼如粪土，齐姜早逝之后，身为姬姓诸侯，不向华夏列国联姻，竟然对外族女子产生了浓厚的兴趣，而且，也不走下聘和亲的外交渠道。晋献公娶妻的方式很是另类：土匪抢亲。早期，晋献公远征狐戎，抢回来一对姊妹花，史书上称之为狐姬和小戎子。狐姬生下九子，其中就有大名鼎鼎的晋文公重耳，小戎子生了夷吾。按照现在观念，重耳和夷吾属于混血儿。重耳的名字取于形，有人说耳大有福，也有人说眼大双瞳，总之，外形特别。夷吾的名字取于意，一看就知道，此人属于外夷与我混血。并且，狐姬和小戎子的老爸狐突也带着全家老少投奔了这个豪门姑爷，沾了女儿的光，官拜大夫。狐突的两个儿子狐偃和狐毛也成为外甥重耳的铁杆粉丝，后来追随重耳周游列国，流浪人生。

关于一国之君娶外族女子为妻，《国语·周语中·富辰谏襄王以狄伐郑及以狄女为后》中曾将周襄王以狄女为后的类似行为喻为"今王利外矣"。说白了，就是肥水浇了外人田。

根据《左传》僖公二十三年记载，狐姬乃姬姓子孙，而且文中出现了一句"男女同姓，其生不蕃"，表明我们的老祖宗很早就朦朦胧胧发现了近亲结婚的弊端。同姓不婚，这是西周铁律，但是，晋献公就是不吃周礼这一套。

晋献公五年，这位铁血仁兄又剿灭了一支骊戎，这次又抢回了一对姊妹花，史称骊姬和少姬。骊姬美若天仙，就连轻色傲物的庄子也肉麻赞叹："毛嫱丽姬，人之所美也，鱼见之深入，鸟见之高飞，麋鹿见之决骤。"这就是春秋版的"沉鱼落雁"。如此美色，晋献公爱不释怀。

"烝"后妈，宠戎女，晋献公不在乎周礼怎么说，他能当上晋国老大，就是老爸打破周礼、小宗灭大宗的成果，于是，继续我行我素。

晋献公十五年，晋国打破周王室立下的附加条件，整备扩军，直接加倍，扩到两军，晋献公率领上军，太子申生率领下军。

《左传·闵公元年》录："晋侯作二军，公将上军，大子申生将下军。"

晋献公这是在打周王室的脸，周王室竟不仅毫无声息，而且，此时晋献公还成为周惠王的座上宾，因为王后陈国公主就是晋献公伙同虢公丑迎娶回来的。晋献公继位的第二年，就专程觐见了周惠王，估计送礼不薄，惠王大喜，不但允许晋献公直接向自己敬酒，而且当众赐赏，赐赏等级和虢公丑一模一样。相互敬酒是兄弟们之间的推杯换盏，和周天子传杯弄盏，成何体统？晋献公和虢公丑，一个侯爵，一个公爵，外交场合享受同等礼遇，感受却完全不同：晋献公长脸，虢公丑打脸。

虢国和晋国的同僚关系翻车了。

晋侯作二军时，中原大战，齐桓公正忙于抗狄救邢，于是晋国趁乱作乱，太子申生只带领晋国下军就一举灭掉了三个姬姓诸侯国：霍国、耿国、魏国。霍国是卫国的前身，政体迁移、更名卫国后，霍国从此衰败，但留下一个历史遗产——山西霍州。不管怎么说，霍国也是周朝开国鼻祖周武王同母弟霍叔处的封地，老牌姬姓诸侯国。耿国和魏国都是文明古国，国祚中途碰上了西周开张，国君易主，改姓姬姓。根据《括地志》记载："绛州龙门县东南十二里耿城，故耿国也"，耿国位于山西运城河津县。这里的魏国指的是古魏国，位于现在的山西芮城，战国七雄中的魏国是用古魏国"借壳上市"。

可以说，楚国横扫江汉诸姬，杀"姬"灭国最多，第二个杀"姬"能手就数晋国了。

晋国这次做事决绝，斩草除根，灭国也灭祀。为了表彰这次灭姬战役中的有功之人，晋献公封赵夙于耿、毕万于魏。虽然这两位仁兄并非晋国公族，但好几百年前也姓姬，可是赵夙以赵姓传承，毕万从姓魏氏，二百多年后，赵夙和毕万的子孙后代参与三家分晋，一个建立赵国，一个建立魏国。

历史轮回，终遭报应。

2.晋无公族

晋有六卿,但无公族,这事要记在晋献公头上。

公族泛指历代帝王的后代。中华儿女都是炎黄子孙,如此概括,大家都是公族,所以学者又按照血亲含量把公族分为远支公族和近支公族,五服以内是近支公族,五服以外是远支公族。晋献公手下的是近支公族,也就是曲沃桓叔和曲沃庄伯之后。

《左传》录:"晋桓、庄之族逼,献公患之。"

显然,桓、庄之族打牌逼宫,相对翼城正宗,曲沃一方都是小宗,晋献公的血亲含量不见得就比桓、庄之族高,凭什么就晋献公上位?

从晋穆侯到晋文公时期的百年风云,晋国上演的都是公族内斗,国君被杀十位,死伤率超过七成,小宗上位的成功率超过五成,作为国君,最大的敌人不是戎狄,而是公族。晋文公就是曲沃代翼、小宗上位的受益人,为了不会再次成为受害人,他不容许身边有觊觎者存在,宁可错杀一万,绝不放过万分之一。

晋献公的这点小心思,手下有一个人心领神会,这个人叫士蒍，愿效犬马之劳，而且承诺老板，三年之内搞定。

于是，士蒍精心策划了一场"杀猪盘"。

桓、庄之族继承了曲沃传统，勇于造反，而且出现了领头羊和中坚阶层，领头羊被《左传》称之为富子，即富强之辈，中坚阶层叫游氏家族。

士蒍瞄准了富子，先是离间桓、庄之族，矛盾核心指向了富子，于是，富子给自己人做掉了。第二年，士蒍故技重施，游氏家族的领衔人物同样给自己人做掉了。

虽然有老板晋献公支持，但不用一刀一枪，就让桓、庄之族的老大和骨干毙命于族人刀下，这的确需要高技术和超水平发挥，士蒍用的是离间计、借刀杀人计和擒贼先擒王计。

没有了老大和骨干，桓、庄之族成了一群乌合之众，任人摆布。晋献公将之驱离曲沃，安排在翼城旁边的聚地统一管理，聚地就成了晋国公族的集中营。

士蒍因为表现出色，得到老板提拔，被任命为大司空，专门负责政府基建，这个位置从古至今都是肥缺。

可怜的晋国公族在聚地被晋献公集中灭杀，《左传》称："尽杀群公子。"可谓灭绝人寰。从这时起，翼城大兴土建，更名为绛，绛为大赤，取自血色屠城，从此以后晋国都城以绛为名，代代相传、时时提醒晋国当局牢记"尽杀群公子"。

晋献公虽然力争赶尽杀绝，但也有漏网之鱼逃到了虢国。

作为姬姓公爵的虢国，向来就是周天子的跟班，姬姓王权的捍卫者，不得不伸张正义。曲沃叛翼期间，虢国一直担当着周王室讨伐曲沃的主力先锋，熟门熟路，有着丰富的伐晋经验。并且，晋献公凭借大肆行贿，搞得一个区区侯爵，竟和一个堂堂公爵的虢国平起平坐，虢公丑早就咽不下这口气。

聚地血案的当年秋天，虢国打着捍卫姬姓人权的旗号对晋国发动了攻击，收效不大，冬天再战，无果而终，只因双方实力差异太大。虢国地狭丁少，史书对于虢军都以"虢师"相称，此时的晋国已经拥有二军，双方完全不在一个级别之上。

按照常规，这种血案应该会惊动周天子，最起码站出来表个态。但是周天子无动于衷，既不对晋国表示谴责，也不对虢国表示鼓励，因为这种姬姓血亲早就不亲了，对周天子来说，属于隔山放牛，只见山，不见牛。

既然姬姓老大保持沉默，晋国不再保持低调，对于虢国这个通往中原的军事走廊，晋国早就垂涎三尺。

"尽杀群公子"事件对于晋国后世影响深远，春秋五霸中，晋国最早解体，改弦易张，就是因为曲沃代翼之后，历代君主视公族为敌，公族势力长期走低，相反外姓卿大夫阶层受重用，最终拥兵自重，成为军阀，最后三家分晋。

3.假虞灭虢

虢国扛着公爵大旗,两次伐晋,替姬姓公族出头,纯粹是以小博大,招惹了晋献公,算是惹上鬼了。

《左传》言:"晋不可启,寇不可玩。"

虢国此时的情况比较复杂。这时候的虢国指的是从西虢和东虢迁徙而来形成的南、北虢国的混搭体。虢国横跨黄河两岸,守着黄河三大渡口之一的茅津渡。茅津渡古往今来都是山西通往河南的黄金要道,在船运不发达的春秋时期就显得尤为重要,虢国就是守着茅津渡口薅羊毛发家致富的。晋国要想染指中原,必须经过虢国,因此,虢国这个公共通道就变成了一条军事走廊。

虢国这次主动进攻,算是给了晋国口实,晋献公开始准备伐虢,谁不想守着茅津渡口发横财。

虢国的邻居是虞国,虞国老大素以贪得无厌著称。但是虞国的地理位置很重要,和虢国唇齿相依。

关于虞国地理,顾祖禹先生在《读史方舆纪要·平陆县》中这样描述:"虞山在县东北五十里。亦曰吴山,以山有泰伯庙也。亦曰虞坂,即中条之支阜,《左传》谓之颠𫐓。《水经注》：'颠軨在傅岩东北十余里，东西绝涧，于中筑以成道，指南北之路，谓之軨桥。'《战国策》：楚客谓春申君'昔骐骥驾盐车上吴坂，迁延负辕，而不能进'。"

《读史方舆纪要》是中国古代历史地理、兵要地志专著，历来被兵家所重，誉为千古绝作，所以顾祖禹先生的说法相当权威。虞国占据着通往茅津渡口的陆地通道，也就是说，虞国和虢国都是占着同一个黄金通道发家的，只不过一个守着陆地，一个守着渡口。晋国伐虢，必须穿越中条山，经虞国的虞坂，方能兵指虢国。

只有借道虞国，才能伐虢。

过邦假道，并非想过就过。在《周礼·仪礼·聘礼》中关于过邦假道有着非常清晰的规范指南，但是借道虞国这件事已经超出外交聘礼的范畴：第一，这次是军事行动，不是会亲访友；第二，这条黄金通道其实是虞国和虢国共同经营，假道伐虢，相当于本来两个股东合伙做生意，结果一个股东拉来土匪抢劫另外一个股东。

所以，这次借道虞国，比起楚文王假邓伐申，难度系数大了很多。

老板尚贤，手下举贤；老板斗狠，手下递刀。晋武公怀着一颗吞并虞、虢的狼子野心，手下就不乏不择手段、出谋划策之辈。这次涌现出了一位晋国的首任宰相，此人在历史上被称为荀息。荀息并非荀国的合法传承人，荀国当年跟着翼城当局修理曲沃武公，曲沃代翼之后，曲沃武公提兵灭荀，重新指定了一位姬姓同僚统治荀国故地，这位姬姓兄弟入乡随地名，以荀息相称。

荀息献计：虞国和虢国虽然都是经营黄金要道的合伙人，但是虞国当家的贪财恋物、鬼迷心窍，"匹夫无罪，怀璧其罪"就是前车之鉴，为了一块美玉，不惜君臣兄弟翻脸，大打出手，何况是和虢国。晋国地大物博，只要投其所好，献上屈产之乘与垂棘之璧，此事可成。

屈产之乘就是晋国的国产宝马，垂棘之璧是晋之美玉，这两样玩意也是当年晋献公的至爱。

晋献公表示：宝马美玉我之至爱，送作他人，我玩啥？

荀息劝说：舍不得孩子套不住狼，宝马美玉送给虞国就如同放在自家后院，等拿下虢国之后，虞国也是您的囊中之物，到那时候宝马美玉完璧归晋。

虞国的命运就这样被宝马美玉这两样玩意决定了。本来厄运可以避免，偌大的虞国也不乏清醒之人，百里奚和宫之奇就在其中。此时的百里奚已年过七十，流浪半生后又重归故里，身为虞国大夫，依然属于边缘人士，显然没有什么发言权。宫之奇在虞国属于位高权重之辈，据理力谏，留下了左丘明笔下《宫之奇谏假道》的千古名篇，也留下了一个唇亡齿寒的中华成语。

这篇主仆二人唇枪舌剑的对白很精彩，道理入木三分。

虞国和虢国是黄金搭档，唇齿相依，唇亡则齿寒。大家都是一根绳上的蚂蚱，命运共同体，跑不了我，也蹦不走你。不要引狼入室，背后捅刀。

晋国和虞国都是周太王子孙，姬姓传承人，但早已时过境迁、沧海桑田，有句谚语说得好：一代亲，二代表，三代四代全拉倒。晋国公族也是晋国血脉，还不是被晋献公屠城削首、血洒聚地，所以血缘关系靠不住，虽然血浓于水，但往往血不如水。

神灵靠不住，不要指望。

虞国国君很执着，对于晋国的殷勤示好表现出一见钟情，并且表现积极，派出虞国一支军队，作为晋军伐虢的先锋。

宫之奇感觉形势不妙，带领家人逃离虞国。

公元前658年，也就是鲁僖公二年，晋虞联军共同出击，一举拿下了黄河北岸的下阳城。

三年后，隆冬时节，趁着黄河冰封，晋国再次假虞伐虢，黄河南岸的上阳城被破，虢公丑仓皇逃到洛邑，在周天子脚下寻求政治避难。

这时候，《左传》郑重宣布："晋灭虢。"一等公爵的虢国退出历史，政坛常青树虢公系列至此玩完。

《左传》这次表态，也给虢国的这本历史糊涂账，理出了一个头绪。长期以来就南、北虢国到底是分而治之，还是北虢国根本上就不存在，只是附属于南虢国身上的一个混搭体？西虢国是周平王七年灭掉焦国，鹊巢鸠居，东迁过来主动投奔周天子的，定都上阳城，东虢国是被郑武公抢占地盘之后，被动过来投亲靠友的，定都下阳城，举国迁徙之后的东、西虢国，在历史上被称为南、北虢。但是，当下阳城被晋军占领，《左传》并未表态晋灭北虢或者晋灭虢，只有当上阳城破，《左传》才正式宣布晋灭虢，说明黄河北岸的下阳城不存在代表虢国社稷的宗祠神庙，只有上阳城才有，是一国之都，晋灭虢时，北虢国已经不存在。可以断定，南、北虢国早就合二为一，北虢国名存实亡，虢公丑代表的虢国应该就是南、北虢国的混搭体。

历代虢君就是周天子的影子，虢国也为周王室立下了汗马功劳，几乎每次周王室的军事行动，都有虢国这个马前卒。

史书记录：

公元前722年，"郑人以王师、虢师伐卫南鄙"；公元前718年，"王命虢公伐曲沃"；公元前707年，"虢公林父将右军"；公元前706年，"周桓王使虢仲伐曲沃武公"；公元前703年，"秋，虢仲、芮伯、梁伯、荀侯、贾伯伐曲沃"；公元前673年，"郑伯将王自圉门入，虢叔自北门入，杀王子颓及五大夫"；公元前664年，"春，王命虢公讨樊皮"。

虢国如此服侍周天子，周天子也待虢国如亲儿子，东周以来，历任虢君都在周王室兼职，而且周天子时不时打赏一些土地给虢国，所以，周王室自然也成了虢国的保护伞。但是这次晋灭虢国，相当于打残了周天子的一条腿，周惠王竟然无动于衷，实属让人费解，所以有些历史学家认为，虢之灭亡，其责在王。

虢国灭亡了，如果虞国依旧歌舞升平，那么虢国故土只能是晋国的一片飞地，所以这事没完。

晋军班师回国，继续假道虞国，趁其不备，顺手灭了虞国。左丘明写到这里，特意给虞君补了一刀，用了一个"易"字形容晋军灭虞行动开展得非常顺利。这位虞国老大被活捉，同为阶下囚的还有一位郁郁不得志的百里奚。念在虞国假道有功，晋国网开一面，保留了虞国宗祠神庙，由虞氏族人供奉祭祀，继续为虞国故土祈福求财。晋献公做贼心虚，一下子把周天子麾下的两个纳税人划到自己名下，的确有点过分，毕竟还有一个自己惹不起的、号称尊王攘夷的诸侯一哥齐桓公，于是赶紧向周惠王承诺，虞国以往给周天子的份子钱，还是一如既往地交，虞国的管理权归晋国，税收大权归周天子。

可怜的百里奚，虽然已年过古稀，又被晋献公作为活人嫁妆，随同女儿秦穆姬，一起陪嫁给了秦穆公。

4.野鸡做着凤凰梦

和百里奚同时不走运的,还有一位晋公子重耳。

这要从重耳的家事说起。

晋献公虽然不是一个好爹,却生了一堆好儿子:太子申生、重耳、夷吾等,还有一个好女婿秦穆公。晋献公之所以没有成为一个好爹,是因为他娶了蛇血狐心的骊姬做老婆。

骊姬是晋献公征伐骊戎的战利品,但是这位晋国老大非要把这位女战俘的待遇提高到国母级别。当然,这事有点违背常理,骊姬是戎族,异族之人必有异心,所以晋献公就让占卜官占了一卦。因为这次占卜在晋国历史上影响深远,这位名字叫作史苏的占卜官也罕见地被左丘明录入《国语》。占卜官史苏先是用传统占法,将龟背烤火看裂纹,裂纹代表天象,占卜官得出的结论是凶多吉少。晋献公不死心,又让占卜官用蓍草占了一卦。蓍草占卦在当时是一项新兴占卜技术,出自周易八卦,涵盖了算术和天地人和理论,即使现在依然在用。这次蓍草占卦的结果是吉多凶少,两项测评结果1∶1,无奈占卜官又给出了一个综合评语:蓍短龟长,不如从长。说白了就是龟背占卜比蓍草占卦可信度高一点。

成语"从长计议"就这么诞生了。

史苏之所以给出了一个从长计议的测评,是因为骊姬的出身和夏末时期的妹(mò)喜、殷商末期的妲己,以及西周末期的褒姒出身相同。《国语》爆料:"献公伐骊戎,克之,灭骊子,获骊姬以归。"显然,骊姬和这几位灾星都是亡国之女,心怀亡国之恨,怀揣复仇之心,上演的不是《无间道》,就是《复仇者联盟》。感觉骊姬就是长期打入敌人心脏的潜伏者,不把晋国祸害得七零八落誓不罢休。

晋献公是吃了秤砣铁了心要和骊姬结为连理之好,虽然蓍短龟长,但他宁信蓍短,不信龟长。骊姬就这样和妹妹少姬双双嫁入晋国豪门,骊姬生了奚齐,少姬生了卓子。

这样,晋国未来国君就有了五位候选人:申生、重耳、夷吾、奚齐、卓子。

申生是嫡长子,纯正华夏血统,理所当然地当选为太子,而且申生堪称贤能,德可治国,武可安邦,并且大权在握,晋有二军,晋献公统领上军,申生领衔下军。按照常理,申生接班人的地位无人撼动,可是,祸起骊姬,因为晋武公如果没有骊姬在身边就坐立不安。

这还真不是个传说。

《左传》记录太子申生这样描述骊姬对于老爸晋献公的重要性:"君非姬氏,居不安,食不饱。"《国语·晋语》也遥相呼应:"献公田,见翟柤之氛,归寝不寐。邰叔虎朝,公语之。对曰:'床笫之不安邪?抑骊姬之不存侧邪?'"

《左传》和《国语》堪称中国史书经典中的经典,其总编左丘明被孔子誉为"鲁君子"。晋献公和骊姬之间的事属于野史范畴,本不应该如此大张旗鼓地写进正史,但偏偏晋献公和骊姬的事,又影响到了晋国的历史发展进程,史称骊姬之乱,所以君王后宫之事就这样走进了春秋。

骊姬虽然秀色可餐,但作为戎女,显然没有受过周礼教育,也不像许穆夫人和姜庄,人美诗秀,情操高尚。骊姬除了追求君王宠爱,就是望子成龙。按照晋无公族的规矩,如果骊姬之子奚齐上位,那就是晋国一哥;如果落选,就会沦为公族(公族在其他诸侯国是骑在士大夫头上作威作福的香饽饽,但在晋国可能成为镇压的对象)。

骊姬的野心膨胀了,准备不惜一切手段扶植亲生儿子奚齐上位。但是,奚齐在一哥的候选人排名中落在倒数第二,申生、重耳、夷吾的一哥候选人积分统统碾压奚齐。所以,奚齐上位的前提就是要将前三名候选人赶尽杀绝。

这事有点难,难在这三个人都不是吃素的,个个都是军阀。

但是,骊姬的手段远远超出了妲己,妲己只调动了一个男人,除了殷纣王,几乎满朝为敌。骊姬却充分调动了两个男人。《国语》载："公之优曰施，通于骊姬。"这句话明确告诉世人，除了晋献公，骊姬还有另外一位床笫之伴，那就是晋献公的御用歌舞师，名字叫作施。

这类御用歌舞师，历史上雅称为优伶，优为男，伶为女。唐玄宗时期开始推行歌舞教坊，类似今天的音乐学院，白居易《琵琶行》中的主人公就是一位教坊优秀毕业生，也是从这时候起优伶逐渐走向民间，发展成为梨园曲艺，唐玄宗也被后世推举为梨园祖师。这位名字为施的曲艺工作者品性龌龊，败坏了梨园家风，这里暂且称其为戏子施。

这位戏子施向骊姬支招：调虎离山，想办法让前三位候选人远离朝堂，人走茶自凉，骊姬党羽可以趁机向晋献公输送谗言，展开攻势。

5.一场枕边风

骊姬的做法很高明,为了在晋献公面前保持自己的人设不坍塌,并没有亲自出手,而是通过贿赂,委托了第三方游说晋献公。这个第三方是一对狼狈为奸的搭档组合,史书称之为梁五和东关嬖(Pi)五,因为这二人名字中各带一个"五"字,所以山西民间又称之为"二五耦"。

"二五耦"一出手,杀伤力巨大,晋献公果然把三个儿子打发出去保家卫国。太子申生镇守曲沃,重耳守卫蒲邑,夷吾守卫南、北二屈,并且晋献公给予重耳和夷吾特别关照,责成大司空士蒍为二子筑城,彰显父爱。

曲沃,曲沃代翼之前晋武公的老巢,相当于革命圣地,有些历史学家将绛城和曲沃相提并论,认为一个是国都,一个是圣都。晋献公坐镇绛城,太子治理曲沃,这样安排,相得益彰,合情合理。

蒲邑,并非现在的陕西蒲城县或山西蒲县,而是山西隰县,吕梁山南麓,晋国的西北边陲,和戎狄交界。

南、北二屈,大致上是今天的山西北屈县,东南方临近春秋梁国,这为以后夷吾跑路提供了便利。

晋献公的三个虎子犹如众星捧月一般，镇守在晋国的重镇和边疆，只有骊姬死守晋献公，儿子奚齐相伴，相夫教子，其乐融融。这样安排，晋献公的日常生活，不是享受一家三口的家庭日，就是有骊姬相伴的亲子游，久而久之，晋献公眼里只有奚齐，逐渐忘记了申生、重耳和夷吾也是自己亲生的儿子。

其实，晋献公也在怀疑太子申生是否自己所亲生。

接着，骊姬依照戏子施之计，又给晋献公搞了一场枕边头脑风暴。关于这场枕边风，《国语》以《优施教骊姬潛申生》为题，这篇散文，虽然出发点有些龌龊，但它却成为中国千百年来枕边风的标杆范本。一场成功的枕边风，需要在夜深人静之时，女方阴风微起，示弱求救，循序渐进，引入主题，煽风点火，这时候男方展现担当，拍着胸脯承诺：保证完成任务。

骊姬就是这样干的。

夜半喃喃送语，先是赞扬太子申生好仁而强，在晋国人气盛极一时，风头盖过老爸。然后哭诉自己被太子列为妹喜、褒姒和妲己的同类项，扣上了惑君殃国的帽子，太子当政，自己难逃一死，不如早死早托生。最后，挑拨晋献公和太子申生父子二人关系。

果然，晋献公床上表态："不可，吾将图之。"

太子申生的命运就这样被这场枕边风吹向了地狱。

晋献公十七年冬，太子申生被老爸晋献公和骊姬推向了战场，征战东山皋落氏。皋落氏即赤狄别支，大约秦汉时期融入华夏，留下了一个历史遗产，现在的山西晋中市昔阳县古城西北25公里的皋落镇。骊姬目的很阴险，打赢了，替自己保家卫国；打输了，回国问罪。

在陷害太子申生这件事上，晋献公也不甘落后。

在古代，军队出征，要隆重举行军礼，祭天、祭地、祭祖先，军歌嘹亮，擂鼓震天，众人相送，要的就是将士们热血沸腾，犹如打了一针战前兴奋剂。军礼是西周五礼之一，祭祀之事为吉礼，丧葬之事为凶礼，军旅之事为军礼，宾客之事为宾礼，冠婚之事为嘉礼，合称五礼。这次太子领衔，征伐东山之狄，军礼规格只能仅次于晋献公，众卿捧场，百官相送，晋献公也亲临现场指导工作。这次不但授兵，而且增加了一项加授战袍仪式。作为父亲的晋献公，专门为太子量身定做了一套服装配饰，配饰独特，青铜环佩，但故意缺口，称之为金玦，实际上就是一个断佩。服装更为新潮，左右色异，称之为偏衣，这分明就是一件阴阳衣。

玦，绝也，看过周润发主演的电影《孔子》里就有这样一个片段，鲁定公用了一块玉玦打发孔子流浪了十几年。

不说在刻板教条、事事寓意的周礼统治时代，就是在今天，送一件断口手镯给女朋友，也预示着翻脸分手；拿一件阴阳衣服，别说送朋友，就是送给亲爹亲妈，也得挨顿揍。

第十章 此时的晋国　225

晋献公送给太子申生一件阴阳衣，一块缺损的青铜环佩

晋献公这是在明明白白地暗示大家：这个儿子，老子不要了。

《左传》解释："衣之尨（máng）服，远其躬也，佩以金玦，弃其衷也。"

成语"金玦衣尨"就是这么来的，比喻君父离弃其子。

别人上战场，收到的是鲜花和掌声，太子申生收到的是金玦衣尨。但是，太子申生还是上战场了，明知是个坑也得跳，跳了活受罪，不跳受死罪。结果，太子的贤能远远超出了骊姬的想象，太子申生大胜而归，晋献公事与愿违，无罪可治，太子申生总算逃过了一劫。

6. 晋献公才是总导演

太子申生虽然凯旋，但是骊姬没打算放过太子，接下来的事才悲惨。

五年后，奚齐成长到十岁左右，在古代，十岁的年龄不一定断奶，但可以一边嘴里嚼着棒棒糖，一边君临天下，所以，骊姬准备动手了。

骊姬虽然搞定了晋献公，但感觉还是火候不够，毕竟奚齐要连跳三级，直接接班，相当于搞了一场政变。晋国公族虽然衰落，但是卿大夫势力强大，目前，晋国政坛就有三位当红明星，一位是荀息，另两位是里克和丕郑。荀息的从政理念是紧随老大，月亮走，我也走；里克和丕郑虽然是搭档，心向太子，但见风使舵，明哲保身。

骊姬相中了里克，只要里克选择中立，荀息唯晋献公之命是从，奚齐竞选的阻力就会减少一半。

搞定里克的事，戏子施表现出了一个铁杆粉丝所具有的忠诚和担当，毛遂自荐，自告奋勇。戏子施是晋老板跟前的一线红人，放在当下就是一线影视明星，古往今来，娱乐明星的事业在演艺，但威力往往表现在饭局。戏子施也不例外，扛着骊姬事先准备好的一头烤全羊，登门造访里克，主动约局。里克当然求之不得，当臣子的哪个不愿意亲自体验一下君王才能享受的歌舞盛宴？里克兴致盎然，妻子陪同，伴歌伴酒，戏子施卖力表演。从《国语》中的现场描述可以看出，戏子施不但人帅歌甜，而且颇有文采，不然的话也不可能成为晋国一哥的身边红人。这次戏子施自导自演、自编自唱，淋漓尽致地玩了一把春秋诗歌特有的"赋比兴"手法，指桑骂槐，把里克比喻为一只笨鸟，不栖秀木，只攀枯枝，里克听出话中有意，请求赐教。

眼见里克上钩了，戏子施亮出了底牌：老板要废了太子立奚齐，你看着办吧。

里克明白了，戏子施此行分明是来传话，代表的不是老板，就是老板娘，逼着自己表态。

里克毕竟出身士大夫阶层，还算有点政治节操：你们搞，我中立。

一个月后，骊姬派人捎话给太子：你亲妈齐姜想你了，托梦给我，你速去祭拜，还有一点很重要，祭母酒食要归福。

祭祖酒食被称为福，意即福气降临，所谓归福，就是要太子把祭母酒食送归老爸晋献公享用，这叫有福同享。

太子申生照办了，后妈命令儿子祭奠亲妈，这是暖心行动，没有理由打折扣。祭拜酒菜如约归福，从曲沃送到绛城，恰逢晋献公田猎未归，骊姬从容不迫地在酒菜里边下了毒，等到晋献公回来准备有福同享，骊姬又从容不迫地来了一句：且慢。

接下来，就是古典名著常常引用的试毒三大步骤：

以酒祭地，地面坟起，说明酒里有毒，而且是剧毒；如果晋武公有福同享了这杯酒，那后果就只能是晋武公的肚子坟起了。

既然酒有毒，菜就更不能有福同享了，喂狗，狗也死了。

狗命不足惜，接着让身边下人试菜，结果也试死了。

没得说了，铁证如山，晋国官方认定：太子下毒弑君，骊姬心思缜密，救了晋献公一命，剩下的事就交给晋献公处理吧。

骊姬自导自演，下毒又试毒，纯属此地无银三百两。以晋献公假虞伐虢的智商竟然看不出此中的端倪。

在骊姬试毒的细节上，《左传》和《史记》略有出入，《左传》记录晋献公六天之后田猎而归，《史记》记录为两天，有些好事学者之所以纠缠这个细节，是因为替晋献公操心：六天之后太子送来的饭菜会不会馊不可食，倒了晋献公的胃口？

司马迁之所以记录为两天，显然也是这方面考虑，为的是剧情安排合理。

《左传》六天的根据在于史官记录，当然也要经得起推敲。

首先，有关六天自然存放的饭菜馊不馊，关键看季节。太子祭母，肯定不可能煮碗面条这么简单，最起码也是鸡鸭鱼肉等级。这玩意放在仲夏季节，两天之内，臭不可闻；如果是隆冬，以我曾在北方当农民的经验，六天之内，天然存放，不好不馊，勉强能吃。晋献公这次田猎，依据《左传》给出信息推断：大约在冬季。因为这次事件发生在僖公四年，在此之前，《左传》又记录了当年冬季的另一件大事："冬，叔孙戴伯帅师，会诸侯之师侵陈。"很明显，僖公四年冬，诸侯联军侵陈在前，骊姬试毒在后。

其次，晋献公打场猎，需要这么久吗？这里需要普及一下春秋期间的田猎常识：虽然在秦汉之后，君王田猎纯属个人娱乐，但在春秋战国时期，君王田猎属于正正经经的公干。《礼记·王制》言"天子诸侯，无事则岁三田"；《左传》言"春蒐夏苗，秋狝冬狩，皆于农隙以讲事也"；而且《礼记》又把君王田猎上纲上线，言"无事而不田，曰不敬"。按照这意思，天子诸侯必须田猎，否则就是渎职。而且明文规定，春夏秋冬四季田猎，分别美其名曰：春蒐、夏苗、秋狝、冬狩。天子诸侯每年必搞三次，无事不得缺勤，其中冬狩最为隆重。之所以将君王田猎拔高到如此地步，是因为这项活动好处非常多：首先，田猎是为民除害、为田除虫，而且丰衣足食。其次，田猎之所以选在农闲时间，是因为这是一项军民联合参与的盛大团建活动——军队参与，相当于军事演习；老百姓参与，全当举行了一场全民运动会。最后，对于天子诸侯来说，田猎是一项户外课间操，再不锻炼一下，老大的身体不就成泥捏的了！

晋献公这次田猎，毫无疑问的是冬狩——声势浩大，周期较长。

虽然没有骊姬侍寝，多少影响到了晋献公的上场表现，但也不能按照司马迁排期，就把一个军民联合参与的全民运动会，随随便便地从六天改为两天了。

所以，言而总之，总而言之，《左传》记录没毛病。

事到如此，太子申生成了这晋献公和骊姬砧板上的肉。但是即使事到如今，太子申生还是有做一回哈姆雷特的机会，完全可以逃生翻盘，因为他统领晋国一半兵力，镇守晋国的革命圣地曲沃，有枪有地盘，还有口实，继母陷害，老爸昏庸，这条件比起李世民发动玄武门之变好上许多倍，但太子申生偏偏又被道德绑架了，陷入了贤能必翻车的魔咒。

用道德把太子绑上不归路的就是太子的超级粉丝，他叫杜原款，太子的御用家庭老师。晋献公以教不严、师之过的罪名严办了杜原款，杜原款临死之际，使人托词爱徒申生："死不迁情，强也。守情说父，孝也。杀身以成志，仁也。死不忘君，敬也。孺子勉之！死必遗爱，死民之思，不亦可乎？"

啥师带啥徒，师傅做蛹，徒弟化蝶。就这样，太子自缢身亡，杜原款带上太子，双双赴死，一路践行了"死必遗爱"的人生追求。纵观春秋历史，从鲁国的鲁隐公、卫国的公子伋，到晋国的太子申生都被道德绑架，命丧黄泉。如果普通老百姓操家持业，好人可能会有好报；如果说是搞政治，恐怕更多是反受其害。

7.重耳奔翟

太子申生虽然死了,但挡在奚齐前面的还有两位候选人:重耳和夷吾。对于骊姬来说,只需要将重耳和夷吾划为申生共犯:一个主犯,两个从犯,剩下的事交由他老爹处理。

果然,晋献公派出了宦官勃鞮直扑蒲地,问罪重耳。宦官又被称为寺人,所以《左传》又给出了勃鞮另外一个历史大名——寺人披。从后期《左传》鲁僖公二十四年寺人披见文公的记录中可以推断,寺人披的这次特别行动,雷声大,雨点小。按照老板指令,寺人披只要三日内赶到蒲城问罪,就算准点作业,寺人披却表现积极,提前一日赶到,但最终战果只是割下了半个衣袖,重耳翻墙而走,溜之大吉。

而且,这还是在重耳坚持不抵抗政策的情况下发生的。

细细品味,疑点重重。

首先,两日内可以干完的活,老板非要宽限到三日,如果说是搬砖盖房,可以理解为老板宽厚仁慈,但要是军事行动,而且是久经沙场的晋献公,就只能理解为放水,眼看着对手跑路。

其次,一个政坛老手,竟然被一个小女人蒙骗到要杀自己的两个亲生儿子，即使老年痴呆，作为老爸也不至于对自己的亲生儿子赶尽杀绝，这是生物本能，更是人之常情。卫宣公杀公子伋，属于情杀，荷尔蒙战胜DNA，而且采取的是雇凶谋杀；晋献公杀太子申生，因怀疑非自己亲生，DNA输给伦理道德，采取的嫁祸逼杀。晋献公对亲生儿子重耳下死手，动机却没那么充分。

最后，重耳既然被寺人披割下了半个衣袖，就说明两个人已经亲密接触。《史记》描述为寺人披现场规劝重耳自杀，这场景，好比两军厮杀，蓝军司令被红军司令挠伤了，结果蓝军司令逃走了，这是警匪片里的单挑吗？有点匪夷所思。

这里只有一个可能：晋献公故意放水，寺人披手下留情，重耳脚底抹油。

在这场警匪追击中，重耳表现得相当配合，重情重义，高调命令蒲城守军放弃抵抗，理由冠冕堂皇：父君之命不可违，然后做好了跑路的准备。

重耳这次跑路似乎有所准备，因为重耳除了众多追随者，还有被司马迁称为"五贤"的重耳团队。

《史记》载："晋文公重耳，晋献公之子也。自少好士，年十七，有贤士五人，曰：赵衰；狐偃咎犯，文公舅也；贾佗；先轸；魏武子。"

狐偃，就是司马迁笔下的狐偃咎犯，《左传》中的子犯。

无论子犯还是咎犯，都是狐偃的字号，因为此人贵为重耳舅舅，故以字号尊称。狐偃不惜带着弟弟狐毛跟随重耳浪迹天涯，忠心护主。足智多谋的他，是"五贤"中的核心人物，晋文政权的首席战略策划师。

赵衰，名衰人不衰，赵国先祖，生子赵盾和赵括，"五贤"中的德高望重者，被重耳视为师长。

先轸，又称原轸，军事家，楚、晋城濮之战和秦、晋崤之战的总指挥。

贾佗，辅佐晋文公、晋襄公、晋灵公三代君主，政坛常青树，重耳待为兄长。

魏武子，又名魏犨（Chōu），毕万之子，其后人建立魏国，"五贤"中的猛张飞，一介武夫，虽然表现平平，但这种勇猛匹夫往往是任何一个团队中不可或缺的人物。

一个篱笆三个桩，一个好汉五个帮，重耳团队能谋能战、能挡能杀，舅、师、兄、勇，高低搭配，阵容强大，胜似《西游记》中的唐僧西天取经组合。

公元前655年，也就是晋献公二十二年，翻墙逃命的重耳开始流浪人生。这一年重耳四十三岁，在古代，这个年龄已经迈入老年。

重耳流浪人生的第一站：《史记》和《左传》记录为翟，但《国语》记录为狄。

翟国和狄国虽然一字之差,但差之千里,狄国靠近齐国,位于今天的山东高青县。按照司马迁的说法:"晋强,西有河西,与秦接境,北边翟,东至河内。"以此推断,翟国只能在晋国之北,大概在今天晋中地区,这也符合翟国最后被晋国所灭的历史记录。

所以重耳流浪首站应该是翟国。

但是,《左传》和《国语》的总编都是左丘明,只不过一个编年体史书,一个国别体史书,为何一个记录为翟国,另一个记录为狄国,差别之大,令人费解。这揭示出了翟姓的历史演变,根据东汉贾逵《国语注》的说法,翟居北方,赤狄人也,为晋所灭,最初翟读音为狄(dí),后为"zhái"。这就是《国语》记录为狄的原因。此处的狄实指为翟,《左传》和《史记》中的翟,实际读音为狄,狄、翟互通,的确,翟、狄都是狄人夷国。

重耳本应投靠齐、楚大国,之所以选择翟国政治避难,是出于舅舅狐偃力谏。

齐、楚国大势大,路远坑深,不见得善待重耳。相反,翟国近在咫尺,容易跑路,而且翟国愚昧落后,与邻国结怨颇多,和晋国交往甚少,对于逃亡之人,就是典型的灯下黑。

关键一点,翟国就是狐偃老家,人熟路熟,狐偃带领一群富二代朋友回国,那是衣锦还乡。好比一个偏僻的小山村,来了一帮城里的老板和知识青年，村民众星捧月，热情接待。

果然，重耳一行被待如上宾，而且，翟国人还为这个城里来的外甥张罗了一门亲事。有一次狄人同族互殴，翟国讨伐廧（qiáng）咎如部落，抢回一对姊妹花叔隗和季隗，翟国人民相当慷慨，把这份战利品拱手让给重耳做妻子。重耳也相当慷慨，没有独占己享，而是只留下姐姐叔隗，又将妹妹季隗转送给了赵衰，重耳和赵衰由原来的革命同志，又上升到了连襟。不得不说，这是重耳的过人之处，简简单单地有福同享，让跟随者不离不弃，终使大器晚成。

廧咎如，晋国北部狄人部落，位于今天的太原市境内，因为诞生了历史名人叔隗和季隗，由此断定廧咎如国姓为隗，虽然小如沧海一粟，但它是全球隗姓华人发祥地。

重耳在翟国安逸之际，弟弟夷吾还在屈地挣扎。骊姬没有放过夷吾的意思，晋献公派出了大夫贾华赶往屈地，准备法办夷吾。只不过夷吾不像重耳那么死心眼，珍爱生命，远离危险，而是下令屈地军民严防死守、奋力抵抗。不知是士蒍修建的城池坚实，还是大夫贾华故意放水，出工不出力（毕竟夷吾是少东家，没准哪天就变成贾华的老板），就这样，夷吾竟然坚持了一年多，城在人在。此时的晋献公刚刚结束假虞灭虢，正忙于善后，夷吾这时妥协了。他主动出逃，本想投奔翟国，享受外甥待遇，但转念一想，去了翟国，就成了重耳的同谋，容易招来一网打尽之祸，于是最终选择去隔壁梁国避难，再图日后秦国出手支持。

此时的秦国，虽然还没有迈入百里奚时代，但秦穆公也是春秋诸侯中大哥级的人物，人在江湖飘，必须有个大哥来撑腰。

这一年，中原发生了一件大事，楚国围许救郑。

第十一章

英雄迟暮

1. 首止会盟

重耳奔翟那一年的夏季，齐桓公发起的首止会盟举行了。

《春秋》录："公及齐侯、宋公、陈侯、卫侯、郑伯、许男、曹伯会王世子于首止。"《左传》又补了一句："会于首止，会王大子郑，谋宁周也。"

说明首止会盟事出有因，因在周王室。

自从周室微衰，周天子在对待继承人这个问题上，一直有个魔咒：弃大爱小，周礼称之为废嫡立庶。从周平王东迁，王子克之乱到五大夫之乱，都是因为这个魔咒引发，究其原因，都是女人惹的祸。周天子爱屋及乌，只要喜欢哪个女人，也就喜欢上了和这个女人生的龙种。偏偏周天子首任王后都是政治联姻，周天子婚龄很小，对于男女之爱懵懵懂懂，属于一边嚼着棒棒糖，一边牵手试婚，等到真正当家做主后，就开始广种薄收，寻求真爱。周惠王也不例外，先是娶了陈后，懵懵懂懂生了嫡子姬郑，就是《左传》所书的"王大子郑"。后娶了惠后，周惠王开始才体验到了男女之爱，生了庶子姬带，史称为王子带。这称呼和王子克如出一辙，基本上就是王室一哥的代名词，没有周天子撑着，这称呼谁叫谁死。周惠王因为宠幸惠后，进而想废长立幼，让王子带取代大子郑，作为一哥的继承人。

周惠王不可能在后院同时摆上两个王后，历史推断，陈后应该早逝，这才有了惠后。

周惠王的这种做法，与传统惯例的嫡长子继承制和兄终弟及制都不沾边，因此，闹得沸沸扬扬，好在还有一个诸侯伯主齐桓公掌舵。于是，在这种背景下，齐桓公作为发起人，在当年齐襄公首止会师、仇杀郑公子亹旧址，召开了首止会盟大会。与会代表有齐桓公、宋桓公、陈宣公、卫文公、郑文公、许僖公、曹昭公，特邀王大子郑作为周天子代表出席。大会主题：一致拥戴王大子郑作为周天子的继承人。

这让周惠王很是不爽。

姜小白一向高举尊王攘夷的大旗，但是对于尊王，只是停留在口号上，五大夫之乱、王子颓篡位，齐国都在袖手旁观，这次对于周天子的接班人，违背王意，搞了个首止会盟，根本上就是要把天子当猴耍。

于是，周惠王也来了个暗箱操作，先暗通楚国，支持称霸，然后通知郑文公，依附楚国，联合晋国，组成三角同盟，共同对抗以齐桓公为首的诸侯同盟。

有周天子作保，后面还有晋、楚两个大哥撑着，郑文公熊心暴起，在首止大会上提前溜走。首止大会不是哥们聚会，而是一次政治会盟，郑文公此举动就是背叛。于是首止会盟的第二年，与会列强组成诸侯联军，群殴郑国。

《左传》僖公六年录："夏，诸侯伐郑，以其逃首止之盟故也。"

危难之际，郑国求救楚国，楚成王彰显大哥担当，没有袖手旁观，但也没有单刀直入，而是玩了一把春秋版的围魏救赵。

首止会盟，许国参加了，但是蔡国缺席了，说明蔡穆侯对于一年前面对齐桓联军的溃败心存记恨，已经加入了妹夫楚成王阵营。许国现在是齐桓公的铁杆粉丝，于是，楚成王就拿许国开刀，采取了围许救郑的策略。说白了，你敢欺负我的小弟，我就拿你的小弟练手。

楚成王这样做，棋高一着。

首先，避免了和齐桓公的硬碰硬，两年前的召陵之盟刚刚握手言和，哪能说翻脸就翻脸，那样对谁都没好处。

其次，教训了许国，哥还是江湖上行走的哥。

最后，救了郑国，哥是负责任的。

果然，《左传》录："秋，楚子围许以救郑。诸侯救许，乃还。"许国地处郑、楚之间，楚国半道上围许救郑，避免了长途奔袭，事半功倍，相反，诸侯联军竹篮打水一场空，白忙活了一通。

但是，这事没完。

楚国不愿意善罢甘休，特别是对于隔壁的许国，要么做我小弟，要么被当作敌人打死。面对楚国淫威，许国要么被灭国，要么甘做小弟。终于，在蔡穆侯的引荐下，许僖公带领士大夫一行来到楚国武城，跪地求饶。身为男爵的许僖公，双手反绑，嘴含玉璧，身后一群大夫披麻戴孝，士人抬着一口棺材紧随其后，看到这场景，即使见过大世面的楚成王也有点懵懂，这就是中原文化所指的玉石俱焚、以死相逼吗？幸亏跟前资深大臣逢伯提醒，这是效仿当年宋微子拜见周武王，以死谢罪，双手反绑为囚，嘴含玉璧求死，因为古人只有死后才口中含玉，大夫披麻戴孝是为死者送葬，随行棺材不是为了求官求财，而是准备收殓死者。

死者何人？当年的宋微子，当下的许僖公。

结果可想而知，宋微子被周武王封在宋国，世袭罔替，许僖公被楚成王收为小弟。

2. 洮地会盟

许国匍匐在楚国膝下，对于齐桓公来说，这事也没完。

郑国蹚上了这趟浑水。

这得怨当年桓公寄孥选错了地方，郑国鼎盛时期，位置是国中之国，挨着周天子，占尽先机，如今郑国破败了，这个位置就是个钉子户，大国争霸赛的缓冲地带，四战之国，无论齐楚争霸，还是晋楚争雄，谁都想拔掉这个钉子户，占据中原桥头堡。郑国没有中间路线走，只能选边站。

《左传》僖公六年录："夏，公会齐侯、宋公、陈侯、卫侯、曹伯伐郑，围新城。秋，楚人围许。诸侯遂救许。冬，公至自伐郑。"

此处说明，这一年的夏秋冬三季，以齐国为首的中原列强都在攻击郑国。

下一年，《左传》僖公七年录："七年春，齐人伐郑。"

齐桓公没有放过郑国，再接再厉，更进一步。

接着，《左传》当年又录："夏，郑杀申侯以说（yuè）于齐。"

意思是郑国杀了申侯取悦齐国。申侯是申国之后，楚国灭申后就匍匐在了楚文王麾下，这哥们混功不错，竟然混成了郑文公的近臣。但这哥们生性贪得无厌，混得小官大贪，楚文王升天，申侯在楚国混不下去了，就逃到了郑国，齐楚争霸，郑文公显然是用申侯的项上人头作为投名状送给了齐国。

接着，《左传》当年再录："秋，盟于宁母，谋郑故也。"

继续会盟，还是为了郑国那点破事，必须打服郑国为止。

再接着，《左传》当年还录："冬，郑伯请盟于齐。"

郑国认怂了，主动请盟。到此为止，齐、楚之争算是扯平了，楚国收拾了许国，齐国也搞残了郑国。恰逢此时，齐楚争霸的第三方势力，成周王室出大事了，历史的天平倒向了齐桓公。

这大事便是周惠王驾崩了。这件事对于大子姬郑来说，本应是个利好，他是嫡长子，诸侯拥戴的法定继承人，但是他的异母弟王子带也虎视眈眈，妄求上位。

如果硬着陆，恐怕会翻车。

《左传》录："惧不立，不发丧而告难于齐。"

大子姬郑秘不发丧，而是径直找到了国际警察齐桓公。玩政治，齐桓公可谓行家里手，既然周天子号称天下共主，国民干爹，干爹不同于亲爹，亲爹是与生俱来的，干爹是建立在你做我认的基础之上，老子认了你就是干爹，不认你啥都不是。于是齐桓公搞了一场认爹大会，史称洮地会盟。洮地位于曹国，今山东鄄城北，临近齐鲁卫宋郑，交通便利，又特邀成周王室派特使参加，参会列强：齐、鲁、宋、卫、许、曹、陈。令人惊奇的是许僖公也在与会之列。更令人惊奇的是，《春秋》录："郑伯乞盟"，即本次会盟原本没有带着郑国玩，郑文公主动献了一回殷勤，乞求加入会盟。

洮地会盟，王大子郑得到与会列强的全面认可，形成了统一战线，包括曾经追随周惠王、准备支持王子带的郑国，王室特使只能回成周复命：接受现实吧，人家只认这个爹。

于是，王大子郑得以继位，是为周襄王。

周襄王政权交接稳定，老爸周惠王终于可以光明正大地升天了，于是，历史上就有了周惠王死了两次的记录。《左传》僖公七年记录："惠王崩。"《春秋》僖公八年记录："天王崩。"《左传》还原历史事实；《春秋》根据官方报道。

历史讲权臣的极致通常有句话——挟天子以令诸侯，齐桓公更上一层楼，令诸侯以立天子。通过一场会盟，不动一兵一卒，政治协商解决了一场王室危机，这一点，楚成王望尘莫及。所以，齐楚争霸，楚国甘拜下风。霸主是实力、手段和道义的综合体，单凭实力只能做个地主老财，有实力、耍手段、没道义也只能算是个江湖恶霸，实力、手段、道义三位一体才能成就春秋霸主，楚国缺失的就是道义。

洮地会盟的这一年，宋桓公病入膏肓，春秋另一位候选霸主宋襄公走进了历史。此时的宋襄公还没有上位，只是被左丘明作为道德模范,在《左传》中提前披露。

宋襄公姓子名兹甫,并非宋桓公长子,上有同父异母兄目夷。目夷也称子鱼,《史记》称之为公孙固,因为左丘明的一篇《子鱼论战》而闻名中国战争史,故这里且以子鱼相称。宋襄公的母亲是赫赫有名的大腕,史称宋桓夫人,宣姜之女,许穆夫人同胞姊妹,伦理上管齐桓公叫舅舅,子以母贵,兹甫被立为太子。

老爸命在旦夕,按照常规,太子接班的程序就要启动,但身为太子的兹甫却向宋桓公请辞,让贤让位,《左传》称之为"国让":兄比我长,也比我仁,理应兄上。

虽然这次国让没有让成,不是老爸不批准,而是老哥不接受,但宋襄公这一举动却让他人气飙升、扬名立万。其他诸侯,兄弟抢班夺权,争得血雨腥风,唯独宋国屡屡上演当年伯夷叔齐的故事。前有宋宣公和宋穆公兄弟蝉联,后有兹甫和子鱼兄弟让国,这就是所谓的文化传承。宋国继承的是殷商遗风,仁爱豁达,淡泊名利,一方水土一方仙,这也难怪宋国出产了庄子、墨子、惠子等文化大咖,不是侠气冲天,就是仙气飘然。

宋襄公还没有上位就红了,收获了众多粉丝,其中就有齐桓公,但宋襄公和这位舅爷真正建立铁关系,还是经过葵丘之盟的亲密接触之后。

3.夏季的葵丘之会

葵丘之盟发生在洮地会盟的第二年,周襄王已经顺利继位,这完全有赖于齐桓公,令诸侯以立天子,春秋形势发生根本转变,现在是周天子围着盟主转。而这盟主非齐桓公莫属,齐桓公的尊王攘夷,到了周襄王这里,就变成了"尊盟攘外","外"就是周王室外蠢蠢欲动的弟弟王子带。于是,会盟成为各诸侯国参与春秋事务的有效途径,代表着广泛民意。

这种时候,即使郑文公也可以矫情一回:周襄王上位,有我一票。

葵丘会盟就在这种背景下召开了。与会代表——齐、鲁、宋、卫、郑、许、曹各国当家老大,还有候补大佬晋献公也表现积极,但因年老带疾,请假晚到。周襄王也积极响应,特派二号人物宰孔捧场。

春秋政坛两大常青树的周公序列和虢公序列中,虢公序列经过晋献公假虞灭虢之后就已经凉了,唯有周公序列依然活跃。宰孔即周公忌父,周公黑肩之孙,世袭一等公爵。《春秋》又称这位仁兄为宰周公,宰即太宰,六卿首位,掌管全国大事。虽然周公黑肩深度参与王子克之乱,被周庄王治罪刀下，但时隔半个世纪，孙子宰孔依然混得风生水起，高举周公大旗。说明春秋礼制超前文明，一人犯罪一人担，没有株连九族，殃及子孙，秉承兴灭继绝的原则，爹死子继，老子被杀，儿孙子嗣照样享受老子待遇，以前咋地，现在还咋地。

宰孔在历史上的故事比较多，忠奸各半，算个政治达人。在《左传》鲁庄公十六年已经首秀，在葵丘会盟中，宰孔消耗笔墨最多，为的是烘托此时的齐桓公举足轻重。

葵丘会盟分为两个阶段——夏季的葵丘之会和秋季的葵丘之盟，会和盟在《礼记》中有着严格的界定："相见于郤地曰会""莅牲曰盟"。意即大佬们在第三地正经相遇才能称之为会，所谓正经就是要先约后遇，不能邂逅，而且必须在第三地，地位平等。如果甲诸侯登门拜访乙诸侯，周礼规定这种行为只能称之为诸侯之交；所谓盟是指必须杀牲歃血、向神起誓。这相当于今天的会议程序：先讨论，后决议。古往今来，都是如此。

夏季峰会上，宰孔作为周襄王的特别代表大驾光临，而且带来了王室最高礼遇，把周襄王祭祀周文王和周武王的肉食贡品带临现场。为了彰显高大上，这种肉还有一个专用名词：胙（zuò），类似于国祚中的"祚"，这是在昭告天下，这种肉已经提升到了国家社稷层面。在民间，这种肉还有一个亲民昵称：福，意即有福同享。

宰孔把周襄王祭祀周文王和周武王的肉食贡品带临现场

祭祀周文王是周朝开张以来祭祀活动中的巅峰，这从《诗经·周颂》中可以淋漓尽致地感受到。《诗经》分为风、雅、颂，其中颂篇对于现代人来说，是最无聊的篇章，但对于春秋国民来说，是日常生活不可或缺的，因为王室和贵族宗庙祭祀必须以此作为颂乐。《周颂》三十一篇，几乎篇篇神话周文王，刻骨入心。

祭祀周文王，外加周武王，算是周王室祭祀活动中的大满贯，周襄王把这项大满贯祭祀胙肉，专程赐予齐桓公，这是在昭告天下：周天子和齐桓公有福同享。

此外还有额外嘉赏，《左传》录："天子使孔曰：以伯舅耋老，加劳，赐一级，无下拜。"伯舅年老，可以免拜。

伯舅，是周天子对于异性诸侯的最高尊称。周礼规定，同姓不婚，所以周天子通婚对象只能集中于齐、陈、宋、申等异姓爵高诸侯家属。秦、楚两国虽为异姓，但级别不够，国大爵低，属于门不当、户不对。这样久而久之，这些异姓诸侯就成了周天子舅舅的摇篮，但在史书中享受伯舅称谓的，独此一人，就是齐桓公。不要说是齐桓公被周天子直呼伯舅，即使平头百姓，被人拦在大街上叫伯舅，吃饭都香。

此时的齐桓公的确年事已高，属于赶往西天的暮归途中，但仍不辞征伐，不至于做不了一个完整的叩拜动作。周天子总不能自己脸自己撕，而且打破常规，扳倒周礼。如果齐桓公免拜纳胙，那不就是和周天子平起平坐，成何体统？

好在姜小白年老不昏，再加上还有主脑管仲提醒，这位诸侯一哥勉强敷衍了一通君臣叩拜之礼。但是人性有个弱点，无论是被别人捧得高，还是自己爬得高，即使没风吹都容易飘。齐桓公也一样，突然间感觉到周天子就是个傀儡，不过是自己令诸侯以立天子的产物，高兴了就叫一声干爹，不高兴了就当你是个棒槌。现在的政治秩序，不应该再以周礼为宪法，单纯以姬姓DNA浓度来分配权力，以前比亲亲、比尊尊、比爵位那一套已经过时了。

老子不吃那一套，要重新制定游戏规则。

这就是葵丘会盟的历史意义。

4.秋季的葵丘之盟

自西周开张以来，周礼成为上到周天子、中到贵族士大夫、下到平头老百姓都必须遵守的行为通则。必须肯定，周礼通行之初，把华夏民族从一个蓬头垢面的野孩子，培养成为举止优雅、知书达礼的城里人。但是，周礼那套建立在血亲浓度基础之上的宗法制度，使得平民阶层从一出生就输在了起跑线上，泱泱华夏，总不能人人都去拼爹。

比起二王三恪和其他姬姓诸侯，齐国出身地位只能算是一个平头哥，现在齐桓称霸，属于咸鱼翻身，并且齐桓公还是咸鱼之王，当然要制定咸鱼规则，让更多的咸鱼各行其是。

宰孔致胙，时在夏季高温，从成周到葵丘，也就是今天从洛阳到民权县，走高速也要将近300公里的路程。粗略估算，这个距离宰孔驷马拉车、跋山涉水，最少也要行走三天以上，即使是多么美味的宫廷胙肉，等送到齐桓公面前，也是臭肉一块。

即使是臭肉一块，齐桓公和各位诸侯大佬也得满心欢喜，当作凤髓龙肝，大快朵颐。这就是周礼的陋弊之处，很多时候象征意义大过实际意义，周礼已经成为诸侯们放飞自我的绊脚石，这才是礼崩乐坏的根本原因。

不是周礼不完美，而是时代不需要了。

周礼需要与时俱进，历史呼唤改革，齐桓公在葵丘会盟上开了第一枪。首先，对于会盟的形式进行改革，由"莅牲为盟"改为"陈牲而不杀"。对于盟的程序，孔颖达在《礼记正义》中这样阐述："盟之为法，先凿地为方坎，杀牲于坎上，割牲左耳，盛以珠盘；又取血，盛以玉敦，用血为盟，书成，乃歃血而读书。"按照这种搞法，杀牲取血是法定程序，也是耗资工程，因为这些牲口杀了属于白杀，不能吃，不能卖，只能眼睁睁地和盟书埋于方坎之中，也是另外一种形式的殉葬。那个年代，牲口是仅次于奴隶的生产资料，要知道，楚国当初建国大典，祭祀用的牛还是偷来的，并且还是小牛一只。会盟这项活动，要是没有一定的经济基础，一般人家真玩不起。

这玩意儿要改，不能为了歃血盟书，就要杀牲取血。齐桓公大胆改革，充分发挥齐国简礼易俗的优良传统，前来参加葵丘会盟的牲口，只看不杀，《谷梁传》称之为"陈牲而不杀"，说白了，就是意思意思就行了。

接下来，盟主齐桓公推出了本次会盟的核心主张，可以简称"桓五条"。不知是因为"桓五条"动摇了周礼的核心价值观，还是史官疏忽，《春秋》经文和《左传》对于"桓五条"都闭口不谈，《谷梁传》和《管子》中有零星记载，倒是《孟子》记录得最为完整。

第一条:"诛不孝,无易树子,无以妾为妻。"

这一条事出有因,恰逢春秋乱世,礼崩乐坏,嫡庶争位、父子争权、妾贵妻弃之事屡有发生。就在两年前的宁母会盟上,郑太子华替代老爸郑文公出席会议,此时的太子华因为母亲陈妫失宠,郑文公以妾为妻,太子华的接班人地位岌岌可危。太子华趁着会盟之际夹带私货,主动卖国,邀请齐桓公帮着自己搞掉政敌洩氏、孔氏、子人氏三大家族,并且承诺:只要我上位,郑国就是齐国的跟班。齐桓公这时候正在和郑文公较劲,兵戎相见,这种事,可遇不可求。正想答应之时,管仲出言劝阻,齐桓公才恍然大悟,自己差点上当。再后来,太子华卖国不成反被卖,被郑文公当作不孝不顺的典型,驱逐出境,直到多年后被诛。

歪风不断,邪气盛行,是春秋政坛不稳的祸根,归纳总结起来,主要有三条:逆子犯上,废嫡立庶,以妾为妻。"桓五条"的第一条主要针对的就是这个。

其实齐桓公也夹带点私心。齐桓公指定的官方继承人是太子昭,太子昭并非嫡长子,但又是嫡子之一,排行老三。之所以这么说,因为齐桓公的情况比较特殊,一生中封了九位夫人,这完全不可思议,无论周天子还是诸侯士大夫,无论身边的女人有多少,夫人只能有一个,除非死后续弦或是贬黜再封，多了就属于现代意义上的重婚罪。但是，齐桓公豪横，我行我素，既然都是夫人，那么生下来的都是嫡子，既然都是嫡子，那么都可以竞选国君大位。所以，排行老三的太子昭面临的危险系数很高，以后的事实证明，的确如此。因此，齐桓公特别强调，无易树子，核心意思就是不能更换接班人，这一条纯粹为了保护太子昭。

第二条："尊贤育才，以彰有德。"

这一条，即使不识字，中国人谁都懂，儒家价值观，德者居上，这是和周礼中的宗法价值观直接叫板，以前那套血浓于水的制度过时了，齐国老子虽然爵低，照样当盟主，照样领着各个诸侯，捎带着周天子，一起玩天下。

借着葵丘会盟，趁热打铁，齐盟主顺便树立了一个贤德典型：宋襄公。也是通过葵丘会盟的亲密接触，齐桓公和宋襄公结下了"你办事、我放心"的交情，并且这位齐盟主把自己的太子昭托付给了宋襄公。当老大把亲生儿子托付给了哪位兄弟的时候，基本上在告诉大家，他以后就是我的接班人了。所以，齐桓公之后，宋襄公一直想当然地认为自己就是盟主，不管别人认可不认可。

第三条："敬老慈幼，无忘宾旅。"

敬老慈幼，通行的道德准则，不必多解释。无忘宾旅，背后还深藏着一个意思："天下之商贾归齐若流水。"这是齐国富国强兵的一项基本国策,《管子·轻重乙》中记录了管子对于这项国策的阐述:"请以令为诸侯之商贾立客舍,一乘者有食,三乘者有刍菽,五乘者有伍养,天下之商贾归齐若流水。"虽然管子这段话晦涩费解,但基本上汇成一句话:鼓励自由贸易,为来往客商提供便利,让齐国成为贸易中心。

第四条:"士无世官,官事无摄,取士必得,无专杀大夫。"

西周乃至春秋时期,基本上是一个拼爹的年代。绝大多数士大夫阶层,都是子承父业,田宅爵位,代代相传,所以后人要对祖先敬畏膜拜。没办法,你的小命来自父母,你未来的命运也来自父母。再说周礼中也找不出一句有关奋斗改变命运的教导,《诗经》中催人奋进到天花板的诗句也就"如切如磋,如琢如磨""不愧于人、不畏于天",大丈夫齐家、治国、平天下的价值观还未成为主流价值观。因此,世官世禄是常态。

这一条约定:从士这一阶层起,取消拼爹制,不再世袭。当官的也不能尸位素餐,一官管一职。取消世官世禄,空缺岗位参照第三条"尊贤育才"原则,然后"取士必得"。最后规定,不得随意杀戮大夫,看来当时的各国大夫也是一个高危职业。

第五条:"无曲防,无遏籴,无有封而不告。"

这一条关乎国计民生和盟主霸权。"无曲防,无遏籴",

就是不能以邻为壑,随意筑拦河坝,上游国家影响下游国家的用水安全;不得恶意囤粮,对于邻国灾荒,不能有粮不卖,见灾不救,隔岸观火。"无有封而不告"这条纯属霸王条款,要求这些会盟小弟就有关国内重大封赏事件必须向盟主汇报。

齐桓公一生九合诸侯,一匡天子,兵车之会三,乘车之会六,但历史公认,葵丘会盟算是达到了顶峰,周礼主导的血亲浓度价值观,开始向儒家的尊德尚贤价值观过渡,春秋时期的游戏规则开始逐渐改变。

周礼好比大户人家老周家的家规,老周家的儿女们从小在这种家规家训的教育下,个个温文尔雅又光鲜亮丽,儿女们长

葵丘会盟后齐桓公威望急升,甚至压过了周王室

大了开始成家立业，高举着老周家的大旗游走四方。谁知道社会复杂、天黑路滑，混着混着，家族生意被野蛮生长的人抢走了，家人也被外人揍了。孔子总结，这就叫礼崩乐坏。

齐桓公在葵丘会盟上推广"桓五条"，另立规则，这是动了姬姓子孙的奶酪，在一个人眼里，这小子纯属显摆，这个人就是宰孔。宰孔的地位靠周礼撑着，齐桓公撇开周礼，重塑三观，如果大家都倚仗贤能闯世界，那以后谁还尊重他这个周王室的二号首长？周公序列的血脉还怎么继续保持高贵？

就这样，宰孔提前退场，回国途中偶遇会盟晚到的晋献公。晋国第一次参加这种中原会盟，因为晋国被中原列强定义为偏侯，也就是个远郊暴发户。这次能被一哥齐桓公邀请，国门生辉，晋献公欣然领命。但晋献公此时已经病入膏肓，是拖着恹恹病身勉强前往的。

两人他乡邂逅，难免话多。

《左传》录，宰孔对晋献公说："齐侯不务德而勤远略，故北伐山戎，南伐楚，西为此会也。"

宰孔眼里只有周礼。大兄弟，赶紧打道回府洗洗睡吧，齐盟主好高骛远，不想着习礼修德，就想着隔空掐架，没准哪一天我们就被他掐了。

的确，接下来齐桓公就是这么干的。

这一年，晋献公升天了，奚齐还没等到继位，连同骊姬一起被里克做掉了，卓子又被推上了大位，同样被里克所杀。晋献公的托孤之臣荀息也自杀了。荀息是愧于没有完成先君托孤之命，以死谢罪。

晋国乱成了一锅粥。

齐桓公又出手了，组织诸侯联军，准备帮晋国清理门户。但还未及晋国边境就打道回府了，因为晋国又自立新君，重整朝纲，流浪在外的夷吾，获得秦穆公的鼎力支持，回国继位，是为晋惠公。

5. 又给周襄王添堵了

葵丘会盟之后，齐桓公已经进入暮年。春秋期间不流行禅让退位，君王只有在死后才算退休，齐桓公此时距离退休还有七年，在这七年中，齐大盟主专心玩会盟，操持天下事。

夏，会于咸，淮夷病杞故，且谋王室也。（僖公十三年）

三月，公会齐侯、宋公、陈侯、卫侯、郑伯、许男、曹伯，盟于牡丘，遂次于匡。公孙敖帅师及诸侯之大夫救徐。（僖公十五年）

冬十有二月，公会齐侯、宋公、陈侯、卫侯、郑伯、许男、邢侯、曹伯于淮。（僖公十六年）

严格来说，这三次会盟只有会，没有盟，只是达成一致意见，没有请神明见证、歃血为盟，是不是盟主齐桓公简礼易俗的倡议发挥了作用，这里不敢妄言。

第一次咸地会盟和第三次淮地会盟的主要议题，都是为了抗击淮夷。淮夷是指淮河流域的南蛮，也称之为淮南夷，从出土文物的铭文判断，自西周以来，周夷王、周厉王和周宣王都曾数次征伐淮夷。史书中有关淮夷的记录少之又少，现代学者对于淮夷的揣摩多来自考古，而且基本上都是有关淮夷挨揍的铭文记录，所以，可以肯定，那个时代淮夷混得相当不咋地。但是，周天子也混得不咋地，自身难保，再没有平淮攘夷的实力，只能由盟主齐桓公接过大旗。这时候，淮夷的势力有所抬头，专找杞国、缯国一类软柿子捏。

需要指出的是，淮夷在吴、楚争霸时期，就已经融入华夏民族。

第二次会盟，也被称为牡丘之会，目的在于抗楚。楚国骨子里不信齐桓公会盟那一套，老子相信的是拳头，你会你的盟，我打我的仗，你会到哪里，我就打到哪里。僖公二年，齐桓公搞了一个齐、宋、江、黄四国大会；接着下一年又搞了一个阳谷之会，把黄国收为小跟班。后来，黄国被楚国灭了，时间就在牡丘之会的三年前。

牡丘之会，齐桓公为了救援被楚国攻击的徐国，模仿楚国先前围许救郑的案例，也玩了一回春秋版的围魏救赵——围厉救徐。诸侯联军暴揍楚国的小跟班厉国，换取徐国解围，谁知道楚国还是不吃那一套，你爱揍谁我不管，我想揍谁你也管不住。最后的结果，徐国被楚国击败了，究其原因，左丘明总结：徐国太相信盟主大哥的能力，坐以待援，最后坐以待毙。

只能说：别太相信哥，哥已经不是当年的哥了，哥老了。

但是，齐桓公在以上记录的第一次会盟期间，做了一件影响王室格局的大事，就是《左传》中补充的那句："且谋王室也。"

齐桓公高喊尊王攘夷，但"尊王"只停留在口号上，只要谁在王位上，齐桓公就给谁添堵。周惠王时期，五大夫之乱，齐桓公袖手旁观，周惠王想立王子带，齐桓公就扶植周襄王。周襄王上位，齐桓公照样添堵。

这事因王子带而起。

周襄王三年，也就是鲁僖公十一年，公元前649年，王子带造反了。王子带效仿祖先周平王，里通戎狄，招来了成周附近的扬、拒、泉、皋、伊、雒六路戎狄大军，攻打周襄王，成周八师不敌，丢弃王城。戎狄不但战斗力凶狠，破坏力也很强，放火烧了王城东门。周襄王也效仿起了祖先周平王，通知了秦国和晋国前来平戎勤王，秦国和晋国曾经借着协助周平王平戎东迁，赚得钵满盆满，而且秦兵和晋军一向战斗在伐戎抗狄第一线，有着丰富的戎狄斗争经验。果然，周襄王胜了，还政成周。

这事没完。

周襄王咽不下这口气，成周人民也咽不下被戎狄祸害这口气，回过头来聚精会神教训王子带。王子带走投无路，投奔齐桓公，申请政治避难。

这件事让周襄王很闹心。

如果王子带奔楚，可以理解，本来楚国就在周惠王的拉拢下，支持王子带上位。齐桓公是在首止歃血盟誓支持周襄王上位的，现在又突然做起了王子带的保护伞。

周襄王很无奈，其他人他都可以碰，唯独齐大盟主他不敢，现在世道变了，惹得齐盟主不高兴了，完全可以挟诸侯立王子带为周天子。

周襄王只能隐忍。

但是，这事还没完。

戎狄和上次协助周平王攻打镐京一样，尝到了甜头，打杀上瘾了，不想罢手。成周现在就是世界东方的中心，刚刚从牛羊堆里爬出来的戎狄，还在过着半茹毛饮血式的生活，这次趁着王子带之乱，终于见识了国际中心城市的吃住娱乐，也想进城享受国际都市生活圈。于是，即使没有王子带的召唤，没有革命目标，照样莅临成周洛邑，喊打喊杀。

周襄王没办法，还得找盟主，齐桓公表现得相当有担当。

首先，派出管仲和隰朋作为盟主特使，管仲负责调停周襄王和戎狄争端，隰朋负责调停晋国和戎狄战事。估计调解工作成果丰富，周襄王感激不尽，但表现得相当不靠谱，准备用上卿之礼款待管仲。上卿基本上就是王室的二号首长，管仲再牛,也只是诸侯的二号首长,级别相差甚远,因此,管仲婉言谢绝。

接着,齐桓公发起了咸地会盟。对于咸地,春秋中曾五次出现、两次会盟,杜预注:"咸,卫地,东郡濮阳县东南有咸城。"咸地会盟的主旨就是尊王攘夷,具体就是号召华夏诸侯团结起来,共同抗击南边的淮夷和洛邑周边的戎狄,保卫成周,保卫周襄王。

其实,这次王子带之乱,王子带才是主犯,戎狄是从犯,齐桓公的做法就是包庇主犯打从犯。最终,诸侯们还是听从盟主的号召,大家有钱出钱、有兵出兵。齐国也派出大夫仲孙湫一年之中两次前往成周,春季带着钱粮慰问,秋季带兵戍边。

齐桓公打发仲孙湫前往,还有一个目的,让仲孙湫探一探周襄王对于王子带的口风。王子带从小娇生惯养,他企图篡位,可不是为了造福天下,而是完全为了造福自己,追求周天子所享受的特殊待遇,所以,齐国养着他相当于养了半个周天子。

结果,周襄王怒气未消,齐国只能把王子带当个爷养着。十年之后,王子带贼心不死,继续作乱,最后命丧成周。

6.齐桓三宠

人终有一死，但铁腕强人之死，往往伴随着一场灾难。这是因为强人政权下，必然会培养一批强臣奸奴，没有超人之术，不可能混入强人政权的核心，正所谓大道藏奸。一旦强人死去，子嗣继位，势必会留下一个臣强主弱的局面，本末倒置，祸由此生。郑庄公死后的四公子之乱，晋献公死之后，两个儿子奚齐、卓子以及遗孀骊姬被里克所杀，这两出都是历史上的经典案例。虽然历史不可能重复，但是，历史的发展规律不变。明朝朱元璋以此为戒，将开国重臣比喻为一根荆条上的棘刺，所以，在传位孙子朱允炆之前，要将这些棘刺全部撸光，为的是避免祸及子孙。

接下来，这个悲剧轮到了春秋五霸之首齐桓公的身上，而且结局更惨。

这要从齐桓公三宠说起。

人性都有AB面，吃腻了山珍海味，也会时常惦记小时候的粗茶淡饭。齐桓公也一样，在桓管五杰的辅佐下，指点春秋、叱咤风云，回到宫中，也要享受钟鼓馔玉、锦衣玉食的生活，于是，豢养了三个宠臣：易牙、开方、竖刁。

这一点，现代人也可以理解，一位职场打拼的成功人士，在办公室威风八面之后，回家遛狗逗猫。

现代人都知道，宠物是宠物，工作是工作，即使忠犬八公，也不能当作行政助理，但是齐桓公好像不太明白这个道理，竟然要对三个宠臣委以重任。

因为这三个人太神奇了。

易牙，《左传》称之为雍巫，鲁菜祖师爷，就连孔子也捧他，子曰："淄渑之合者，易牙尝而知之。"孟子接着捧："易牙先得我口之所耆者也。"荀子也不甘落后："言味者予易牙，言音者予师旷，言治者予三王。"

捧来捧去，捧的都是味觉。其中，孔子捧得最为肉麻，易牙竟然有可以分辨出渑水和淄水的神功，这功能完全超越了警犬和现代高科技，所以就捧出了一个雍巫辨味的成语。

易牙的成功上位，离不开齐桓三宠之一的竖刁，竖刁也称竖刀。这个称呼似乎很有根据，因为竖刁的确是下身挨了一刀才来到了齐桓公的身边，雅称净身。从夏朝开始，中国历史上就已经出现太监，竖刁和魏忠贤一样，都属于净身不净心，煞费苦心地挤进了太监队伍，最后混成了诸侯一哥齐桓公的身边红人。

易牙就是竖刁引荐给齐桓公的，因为这两个人臭味相投、三观相似。

易牙获得老板信任的手段，同样都是挨一刀，可是，易牙这一刀比起竖刁那一刀狠过一千倍，易牙这一刀让自己儿子挨了。只因有一天，齐桓公吹牛：老子啥都吃过，就是没吃过人肉。说者无心，听者有意，于是易牙回家把自己的儿子杀了，做成了一道佳肴，献给了老板。齐桓公感动不已，这就是易牙烹子的典故，出自《管子·小称》。

关于易牙的这段历史，杨树达教授有一篇《易牙非齐人考》，该文从各种文献资料中梳理发现，易牙杀子，原因在于易牙是狄人，而当时的狄人有"杀首子"的习俗。如果杨树达教授的考证与事实相符，那么再看这段历史，又会有不同的感受了。

易牙和伊尹同样都是厨霸，同样都是伺候老板胃口的，但前者就是一个跳梁小丑，后者成为殷商教父，前者逐利，后者求道。

齐桓三宠中还有一位嘴脸稍微端正一点的，史书称之为开方。

首先这哥们的血脉出身比起上面两位高贵一些，来自卫国公族，有名有派，所以又称卫公子开方，应该属于那种没有国君参选权利的非嫡系公族，在卫国没有出头之日，于是投奔齐桓公，对于齐桓公来说算是难得的人才。春秋时期和战国时期的人才市场相比较，春秋趋于本地化，战国则流动性大大增强。春秋时期像百里奚这种，游走四方、寻求抱负的高端人才属于凤毛麟角，所以开方在这方面抢了先手。

其次，开方属于有底线的奸佞小人，不像前两位突破道德底线，所以，开方是齐桓三宠中政治生命最长的一位。直至易牙、竖刁被戮十年后，开方杀了齐孝公（即太子昭）之子，扶植公子潘上位成为齐昭公，迎来人生第二春。

7.结局很惨

当齐桓三宠得势猖獗的时候,桓管五杰已至暮年。齐桓公四十一年,领衔人物管仲走到人生尽头,临终之际,告诫东家警惕齐桓三宠。司马迁作为一位伟大的历史学家和文学家,用他洞穿历史的慧眼,以及文学家特有的渲染,将管仲的临终遗言写成了千古绝唱,对于察人辨奸,几乎一针见血。

易牙,"杀子以适君,非人情,不可。"

开方,"倍亲以适君,非人情,难近。"

竖刁,"自宫以适君,非人情,难亲。"

鸟之将死,其鸣也哀;人之将死,其言也善;管仲将死,其言也忠。对于管仲的至死忠谏,《吕氏春秋》用了一句:"居者无载,行者无埋",虽说只是一句齐国谚语,但寓意深刻:老子都快死了,有啥可顾虑的。后人为了不忘管仲的大忠大贤,又给这句谚语补枪:"黄金累千,不如一贤。"

上面三句与其说这是管仲之言,不如说这是司马迁的提炼总结,即使一千五百多年后的北宋苏洵也在《辨奸论》中重复着这句话:"凡事之不近人情者,鲜不为大奸慝(tè),竖刁、易牙、开方是也。"

常言道：大奸似忠，大诈似信。可惜堂堂盟主齐桓公身在奸中不辨奸，继续重用齐桓三宠。这也不能怪齐大盟主，此时的齐桓公，已经到了退休告老、人生收官阶段。古往今来，这阶段的老人家只追求安度晚年，哪管它窗外风雨，虽然看破红尘，但也贪图享受。齐桓三宠的各项奸长正好满足了齐桓公晚年的各项贪求。哪个离死不远的老人家会拒绝这样一个敬老团队？所以只能说，管仲啊，不是你不够好，是你不懂寡人的心。

齐桓公四十三年，鲁僖公十七年，也就是公元前643年，周天子官方认可的第一位春秋霸主齐桓公与世长辞，在他死之前，桓管五杰全部升天了。

关于齐桓公的死，版本较多，主要分为三种：病死的、自杀的、连饿带病气死的。《左传》和《史记》以新闻报道的形式进行记载，所谓新闻报道，就是言辞客观平实。《左传》录："冬十月乙亥，齐桓公卒。易牙入，与寺人貂因内宠以杀群吏，而立公子无亏。孝公奔宋。十二月乙亥赴，辛巳夜殡。"说明当年的十月初七齐桓公升天了，然后易牙入宫，与竖刁等内宠爪牙杀害大批政敌，立了公子姜无亏上位，法定继承人太子昭逃亡宋国。直到十二月十四日齐桓公遗体才成殓入棺。

《左传》用字不多，但信息量很大。

一、《礼记·曲礼》记载:"天子死曰崩,诸侯死曰薨,大夫死曰卒,士曰不禄,庶人曰死。"可是,这里无论是《春秋》经文还是《左传》《公羊传》或《谷梁传》,对齐桓公的死都用了一个"卒",要知道,对于鲁桓公的死,《春秋》用词是:"公薨于齐"。看来孔子和左丘明都不承认春秋霸主就是无冕之王的事实,相反认为这就是礼崩乐坏的案例。

二、齐桓公死在先,易牙入宫在后,显然没有《吕氏春秋》和《东周列国志》中描述的,易牙和竖刁筑墙三丈、活活饿死齐桓公的说法。而且从文字中可以看出,竖刁作为太监,内宠在宫,一直贴身服侍,易牙作为外臣,与竖刁里应外合,作奸叛乱,这个描述符合当时官制。

三、太子昭亡宋背后的故事是葵丘会盟时,齐桓公已经将太子昭托付给了宋襄公,说明齐桓公已经意识到他死后,有关大位继承可能腥风血雨。宋襄公接受诸侯盟主这个嘱托,自我感觉就是接过了下一任盟主的交接棒,因此,之后以盟主自居。

《史记》记载:"桓公病,五公子各树党争立。及桓公卒,遂相攻,以故宫中空,莫敢棺。桓公尸在床上六十七日,尸虫出于户。十二月乙亥,无诡立,乃棺赴。辛巳夜,敛殡。"

司马迁秉承了一个历史学家不知者不瞎说的操守,只是在

《左传》的基础上合理发挥。确认齐桓公因病而卒,属于合理发挥;确认齐桓公死后暴床六十七日,也是《左传》记载死于十月七日、成殓于十二月十四日的合理发挥;但是"尸虫出于户"恐怕是司马迁的想象,有可能会超出合理发挥,因为农历十月到十二月,是北方的隆冬季节,温度应该在零摄氏度以下,会不会腐臭到尸虫出户,这要问现代法医了。

《管子·小称》中记载:"乃援素幭以裹首而绝。"裹首而绝就是自杀而亡,前提是一代霸主齐桓公病卧在床,得知自己被齐桓三宠断水断粮,悔恨当初,识人不善。

齐桓公连饿带病气死的版本,出自《吕氏春秋》和《东周列国志》在《管子·小称》基础之上的尽情演绎,特别是冯梦龙在《东周列国志》中身兼导演和编剧的双重角色,自编自导,戏外加戏,几乎让现代导演没有发挥的空间。试想一下,三宠之宠来自齐桓公,齐桓公的死实际上是对齐桓三宠最大的威胁。按照政治考量,三宠也没必要提早弄死齐桓公,齐桓公的早死并不能带来三宠的提前上位,相反,这对于自己的政敌太子昭更为有利。

后人对于齐桓之死的演绎,除了言辞鞭挞齐桓公没有听从管仲遗言的愚蠢,也进一步抨击齐桓三宠,增加文学看点。试想一下,一个好的故事中,既有鹰一样敏锐的智者,又有毒蛇心肠的坏蛋,还有鸽子一般纯洁善良的无辜者,什么人看了都会上头。

总之，齐桓公的结局的确很惨，柏杨先生在狱中悟出一个道理，并写入《中国人史纲》："姜小白的霸业即管仲的霸业，姜小白只是躯壳，管仲才是灵魂，但姜小白更为伟大，因为他能任用管仲。"柏杨先生可谓一针见血，齐桓公之所以生得伟大，在于任用管仲；齐桓公之所以死得凄惨，在于管仲死了，任用了齐桓三宠。

这还不算最惨，齐桓公死了，接下来更惨。

在古代，女性绝大多数都是以生育的方式参与历史，所以说中国古代史是男人写的，女人生的。在周王朝秩序中，天子之妻称为后，诸侯之妻称夫人，王后和国君夫人岗位只设一人，专职生育嫡子，目的在于限制嫡子数量，因为对于平头百姓，或许多子多福，但对于帝王之家来说，往往多子多灾。

齐桓公不信周礼那一套，所以犯了大忌。齐桓公一共封了九位夫人，九位夫人生了六个儿子，既然都是正牌夫人所生，那都是嫡子，都具有合法继承人身份。虽然齐桓公指定了老三作为太子，但其他嫡子虎视眈眈，觊觎大位。

从这一点来看，周礼还算靠谱，设计得比较合理。

好比一个富豪娶了好几个老婆，富豪死后，老婆们纠结各路，开始争夺遗产。

遗产可以划分，存在和平解决的可能，但是齐桓公屁股底下的国君大位只此一个，不争则罢，要争就得争个刀光剑影、你死我活。齐桓公六个嫡子，除了老六公子雍甘心做公子外，其余五个嫡子都过了一把国君瘾。

先是嫡长子无亏在易牙和竖刁的扶植下，在国君大位上坐了五个月，之后就被齐国自己人干掉了。原因是宋襄公领了一帮诸侯联军，气势汹汹杀到齐国城下，前来履行自己曾经在葵丘会盟上对齐桓公和管仲许下的诺言，支持公子昭上位，齐国朝野给了宋襄公一个交代。

齐国人杀了齐国的嫡长子，当然，易牙和竖刁也逃脱不了被戮的命运。无亏死后，齐国官方像当年对待公孙无知被杀一样，不予承认，不予追封谥号，历史学家对于这种半成品国君称之为废公，只不过这一段时间，齐国的废公比较集中，前后三位，而且从血缘辈分上来说，这三位属于祖孙三代，于是历史学家又在"废公"前加了一个方位词予以区分：齐前废公——公孙无知，齐中废公——公子无亏，齐后废公——齐昭公之子姜舍。

公子无亏死了，公子昭也在宋襄公的护送下风风光光回到了齐国，公子昭理应顺利继位。可是，宋襄公前脚一走，其他公子后脚联合造反，公子昭只能再次央求宋国，宋襄公又杀了一个回马枪，公子昭这才顺利继位，是为齐孝公。

可怜最早称霸的齐国，突然间沦落成为宋国的傀儡。如果一个帮会中的老大某一天突然死了,帮他料理后事的小弟,自然而然也就成为老大的接班人。宋襄公就是齐桓公的钦点善后人,而且圆满完成嘱托,因此,此时的宋襄公想当然地以盟主自居。

可是,有人不服气,这就是楚国。

齐孝公上位的这一年,齐桓公毕生打造的中原联盟开始瓦解,《左传》鲁僖公十八年录:"郑伯始朝于楚。"中原桥头堡、春秋第一小霸开始脱离齐桓联盟,大张旗鼓地跟着楚国混世界。这暗示着楚国已经把手伸到了宋国背后,宋襄公想要当盟主,先要问一问楚成王答应不答应。

宋、楚争霸赛拉开序幕。

接下来半个世纪,齐桓公的儿子上演了一出"五子夺嫡,个个败家"的狗血剧,齐国从此霸权塌陷,跌入二流诸侯之列。当然,齐桓公不止有九位夫人,所以儿子也不止五个,只不过这五强身份高贵,可以入围候选继承人,其他儿子名不见经传。其中七子被老冤家楚国策反,做了楚大夫。

齐国五子夺嫡表

名称	谥号	在位时间	排序	历史事件
公子无亏,又称无诡、武孟	齐中废公	5个月	齐国第17位君主	易牙、竖刁拥立,后被齐人所杀
太子昭	齐孝公	9年	齐国第18位国君	宋襄公拥立,后与宋襄公反目为仇
公子潘	齐昭公	19年	齐国第19位国君	开方拥立,杀齐孝公子上位,参加践土会盟,承认晋文公霸主地位
公子商人	齐懿公	3年	齐国第21位国君	杀侄子齐后废公自立,荒淫无度,被下臣所杀
公子元	齐惠公	10年	齐国第22位国君	齐懿公被杀,公子元被齐人从卫国接回齐国继位

第十二章

流浪人生

1.秦晋之好

管仲和隰朋去世的那一年，也就是鲁僖公十五年，公元前645年，秦国和晋国历史上第一次大规模军事冲突爆发了，史称韩原之战。

这还得从"秦晋之好"说起。

假虞灭虢之后，百里奚成为晋国阶下囚，当年晋国又和秦国进行了一场政治联姻，秦穆公娶了晋献公之女秦穆姬，这是秦晋两国的第一次亲密接触，历史上称之为"秦晋之好"，百里奚被晋国当作"秦晋之好"的赠品，跟随陪嫁团到了秦国。

所谓的"秦晋之好"就是想通过政治联姻抱团取暖，因为哥俩同病相怜，都曾经是中原列强眼里的"偏侯之国"，一起站在城乡接合部眺望城中央的乡巴佬。其实，此时秦、晋两国的实力已经接近齐、楚，只不过还没能混进霸权俱乐部，没有得到春秋社会的普遍承认。晋国在晋献公时代国境线已跨越黄河，直逼成周，秦国也不甘落后，驱除戎狄，统一关中，特别是秦穆公慧眼识贤，任百里奚为相，如虎添翼。

百里奚是个传奇人物，命运多舛。早年投靠齐襄公，他的铁哥们蹇叔认为齐襄公荒淫无道、暴虐无常，是个危险分子，劝百里奚离他而去，果然齐襄公小命不长，百里奚也躲过了一劫。辗转多年，百里奚又寄生成周洛邑王子颓门下养牛为生，甘当弼马温，蹇叔又认为王子颓心存不轨，迟早城门失火，殃及池鱼，劝离了百里奚，结果王子颓造反篡位，一命呜呼，百里奚又一次躲过一劫。因此，百里奚和蹇叔也结下了深厚的革命友谊。接下来，百里奚委身虞国，晋国假虞灭虢，百里奚又被当作嫁妆转送到了秦国。秦国当初不识货，百里奚又逃到了楚国，继续从事养牛专业，牛场就在今天的南阳市卧龙区百里奚村。恰逢这个时候，秦穆公不知又怎么嗅到了百里奚的贤能，于是通过外交渠道，以缉拿跨国逃犯的名义，用五张羊皮交换，将百里奚引渡回国。从此，百里奚踏上了秦国开张以来第一名相之路，为秦国开辟了一个"甚光美"的时代。上任时的百里奚已经年过七十，在人均寿命只有三十几岁的古代，这个年龄可以颐养天年了，而百里奚的事业才刚刚开始。关于百里奚的政绩，史书记载主要集中在三个方面：第一，德能勤政方面，《吕氏春秋》概括为"谋无不当，举必有功"；第二，从政业绩方面，开地千里，称霸西戎，统一西北，促秦崛起；第三，对外关系上，施德诸侯，结晋强秦。

结晋强秦的具体表现就是"秦晋之好"。在今天，"秦晋之好"常常被誉为男女百年好合，但是历史上真正的秦晋之好，却拉开了历经三百多年秦、晋的河西之争。河西之地指的是洛水以东、黄河以西的三角地带，两河滋养，土地肥沃，人口稠密。河西之西是渭河平原，关中腹地，秦国的核心疆域，河西之东是晋国老巢。秦国想要挺进中原，河西之地是跳板，晋国想要称霸，染指关中，绕不开河西之地。因此，围绕河西之地，从春秋时期的秦、晋争霸赛，直到战国时期的秦、魏两国五战河西，战争从未停息。

秦晋之好的当初，晋强秦弱。晋国早在晋武公时期就已经灭掉了古韩国，政权范围延伸到了河西之地。到了晋献公时代，河西之地大部纳入晋国版图，所以，河西之争，晋国占先手。诸侯国关系上，秦晋之好属于秦国求亲、晋国和亲，晋国是姬姓王系诸侯，秦国是外姓暴发户。

但是，因为骊姬之乱，甲、乙双方的地位对调了。

骊姬之乱中，大臣里克接二连三地杀掉了国君候选接班人奚齐和卓子，托孤大臣荀息也主动做了政治陪葬，骊姬也命丧黄泉。

晋献公血脉枝繁叶茂，杀到这个程度还有两位候选人：重耳和夷吾。按照规矩，重耳年长，理应继位，但是重耳的态度不够积极，再加上里克连同同党丕郑对重耳的贤德心存忌讳：老大太优秀了，我们岂不成了吉祥物？于是选了一个次品夷吾作为接班对象。此时的夷吾正在朝思暮想这一天，为了给自己加分，夷吾又求助秦穆公，承诺事成之后，河西八城送给秦国。

秦穆公和里克的想法一致，支持次品当家晋国，符合秦国利益，好比两支足球队，谁都希望对方的主教练越熊越好。

河西八城的说法来自《史记》，《左传》记录的是河西五城，孰是孰非，已无从考证，但有一点可以肯定，夷吾这是割地求荣了。

秦穆公听取了百里奚的意见，大家都是姻亲兄弟，郎舅关系，既助人为乐，还能捞到河西之地，于是支持夷吾回国继位，是为晋惠公。有了秦穆公的重兵相送和外交支持，夷吾不再是大臣们手中的政治玩偶，这次是真正的晋国一哥，而且这位一哥还是一位政坛玩家、操盘高手。

他上任的第一把火烧向了里克，理由是里克连弑两君，其罪当诛，其实出发点和里克选择夷吾为君的出发点一样：里克把持朝政，老子还不如一个吉祥物。里克死后，同党丕郑也未幸免于难，丕郑儿子丕豹逃亡秦国。

夷吾的第二把火点亮了自己的人气，为太子申生平反昭雪，封谥号为"恭世子"。在历史长河中，能为冤者平反昭雪的那就是青天大老爷，这位晋惠公就是当朝晋青天。但是，夷吾又干了一件龌龊事，打着照顾太子妃贾君的名义，娶了寡嫂，这让夷吾又人气大损，刚刚烧旺的一把火被一盆冷水当头浇灭了。

夷吾的第三把火烧向了"秦晋之好",这把火却烧出了恶果。夷吾拒绝兑现承诺:国君大位是我的,河西八城也是我的。

估计当初秦穆公和流亡在外的夷吾地位不对等,也没有搞一个歃血盟誓的仪式,夷吾的承诺不受周礼保护,所以才敢耍赖。

但是夷吾上位的第四年,晋国摊上大事了,全国闹饥荒,晋国又惦记起了秦国,仓廪实而知礼节,仓无食就要赖皮,于是找上秦国重温"秦晋之好"。《史记》称"乞籴于秦",其实就两个字:借粮。

其实,晋国不见得非从秦国借粮,只不过想在道义方面将秦穆公一军:老子没兑现城西八城的承诺,欠你秦国一个道义,如果这次借粮你不给,那就算扯平了。这时候葵丘会盟刚刚过去了几年,盟主齐桓公还健在,葵丘会盟的条款依然具有约束力,第五条的"无曲防,无遏籴,无有封而不告",明示列强们不能屯粮不救饥。

秦国兄弟,你看着办吧。

秦穆公心大,听从百里奚"结晋强秦"建议,慷慨解囊,踊跃借粮。运粮船队从秦国国都雍城出发,一路沿着渭河顺流而下,抵达渭河入黄口,然后逆流北上,经汾河入黄口再沿汾河逆流东进,浩浩荡荡,直达晋国绛城。此次漕运,一气呵成，堪称完美，《左传》称之为"泛舟之役"。

这一轮下来，秦、晋之间的道义锦标赛打成了2∶0。

正当秦穆公还正沉浸在泛舟之役的伟大壮举时，秦国也摊上大事了，来年的饥荒轮到了秦国，于是，顺理成章，向晋国借粮。

这一次夷吾相当干脆：不借。

这一轮下来，秦、晋道义比分：3∶0。

2.韩原之战

根据《史记》记载，夷吾听信了大臣虢射的建议"因其饥伐之，可有大功"。准备乘人之危，落井下石，主动向秦国挑战，韩原之战就此拉开序幕。

但是，《左传》录："晋侯逆秦师。"意指晋国被动应战。《国语》则直接用了"秦侵晋"三个字。很显然，《左传》和《国语》口径一致：是秦国开的第一枪。

到底是司马迁杜撰，还是左丘明笔误，不妨推理一下。

历史巧合，秦穆公和鲁僖公都是同年继位，所以秦国闹饥荒的时间既是秦穆公十四年，也是鲁僖公十四年，韩原之战发生在秦穆公十五年，也是鲁僖公十五年，这一点《史记·秦本纪》和《左传》都予以确认。

按照《史记》的说法，晋国并没有选择在饥荒当年向秦国发兵，而是在第二年的秋季向秦国"因其饥伐之"，然而《国语》记载秦国第二年"秦岁定"，意即这一年秦国五谷丰登。晋国欲对秦国落井下石，作案时间不选在饥荒当年，而是选在第二年秦国五谷丰登之后，这不是脑子进水了吗？

公元前645年农历九月，韩原之战在司马迁的故乡开打。

依据《左传》僖公十五年"三败及韩"的记载,可以看出晋军是连吃三场败仗退驻韩原,再退就是黄河了,所以,韩原之战对于夷吾来说就是一场背水决战,秦、晋两国首脑,都准备亲自参战,决一雌雄。

韩原既是司马迁故里,也是韩氏先祖韩万的封邑,此时的韩氏掌门人是韩万的孙子韩简。既然在老韩家的地头上两军对垒,韩简就是地头蛇,代表晋国约战的任务非他莫属,韩简也趁机侦察了一番敌情,如实禀报夷吾。

老大,秦军人少。这半句消息,夷吾肯定喜上心头。可是下半句很要命:但人家士气高昂。

一般来说,无论历史小说,还是文学作品,只要出现这句话,基本上胜负已定。

还有两个重要枝节,都与马有关,决定了夷吾接下来的扮相更难看。

一个是秦穆公做了一件好事,给自己加分了。当初秦穆公在岐山下打猎,马被一帮异族野夫偷吃了,敢用国君的御马打牙祭,结果肯定好不了。但是秦穆公不但不惩,反而送酒助兴,暖言安慰:兄弟,吃马肉不喝酒,有伤肠胃。这可真是小偷遇上天使了,这帮异族野夫当即跪服了。韩原之战,这帮盗马贼不请自到,尽犬马之劳回报秦穆公。

一个是夷吾的战前选马给自己脱粉了,这个粉丝的名字史书称之为庆郑,在朝堂上是夷吾的臣子,在韩原之战中就是夷吾的战友。事关夷吾给自己的战车选配了郑国良马,庆郑极力反对:晋国本来就有屈产宝马,郑马虽良,但水土不服。

对于这一点,以我曾经在农村牵马驾车的经验,庆郑言之有理。马拉车是需要听驾车人吆喝的,吆喝就是指令,河南有河南的吆喝,山西有山西的吆喝,用山西的吆喝驾驭河南的马,自然是不大好使的。

可惜忠言逆耳,庆郑的意见被当成了一声吆喝,并且被老板当众打脸。原本庆郑通过占卜测评作为国君战车的车右,结果被夷吾否决了。

车左、车右和御者是先秦战车的标配。御者居中,赶马驾车。车左为射手,古人习惯左手持弓、右手拉弦,所以射手居左,便于扩大弓射角度。车右是武士,负责近距离搏杀。车左是远程火力,车右则代表一乘战车的最终战斗力。

一国之君战车的车右,是战场上国君小命的最后一道防火墙,选拔程序上升到了求神问卦的高度,可见重视程度,没有高大威猛、孔武有力和万夫之勇,不可能入围选拔赛。

可是,庆郑落选,而且顶替他的是一名家仆,堂堂大夫就这样被侮辱了,庆郑凉在心头恨在骨。

到了战场上,庆郑的话灵验了。

两军对垒,秦军以少胜多,晋军败退,秦穆公没有执行

"逐奔不过百步"战场礼仪，而是按照抗狄灭戎战法，继续穷追猛打。偏偏夷吾倒霉，逃跑不顺，驷马失控，车陷烂泥，好在附近还有一起跑路的庆郑。夷吾疾呼庆郑，本以为庆郑会舍身救驾，谁料庆郑淡定围观，留下一句话："不接受劝谏，违背占卜，注定是要败的，还跑什么？"

此时的庆郑没有料到夷吾会活着回到晋国，大胆任性了一回，两个人在生死劫上又系上了一个生死扣，注定日后一个死得难看，一个活得难看。

对于夷吾来说，最倒霉的是此时秦穆公杀到了。可是，戏剧性的一幕出现了，秦穆公一头扎进了晋军人堆里，战场顷刻间从两军对垒变成了乌龙三重围，晋军围着秦穆公杀，秦军堵着晋军冲。危机四伏之际，三百野人先于秦军杀进晋军包围圈，救下了秦穆公，生擒了夷吾，晋军溃败。

这群野人就是秦穆公善待的岐山盗马贼，能饿到偷一国之君的御马充饥，想必不可能配备得起驷马战车随军出征，估计也就是一群自带械斗工具的赤脚预备队，但自古贼人野路子，调教再好的家犬，往往干不过野狼。

3.天祭

晋国老大的小命被捏在了秦穆公手里,秦穆公没有立即杀掉夷吾,也没打算让夷吾活着回到晋国,但是,天祭仪式把夷吾卡在了赶往阴曹地府的路上。

天祭是古代祭祀活动中的天花板,是人与上天终极交流,所以一般由天子举行,时间选在冬至,冬至代表着阴极阳始,天祭选在冬季寓意否极泰来。西周时期,周天子天祭,地点设在宗周附近的灵台(今陕西省西安市沣河西畔的长安区灵沼乡阿底村南一公里处)。天祭还有一个重要环节,就是献牲,说白了就是周天子不能空着手参拜上天神灵,必须礼重心诚,对于献牲中的牲畜要求苛刻:毛纯色赤,一般首选牛马。

平王东迁,周天子搬家到了成周洛邑,此时的宗周镐京以及灵台已被秦国收入囊中,这次秦穆公也要效仿周天子,举行冬至天祭大典。国之大事,在祀与戎,秦国刚在战场上击败了晋国,胜利而归,接着顺时应势,举行天祭,双喜临门,堪称完美。

这次,秦穆公把献牲规格提升到了天花板,献牲改为献人,这个人还不是普通人,而是堂堂一国之君,就是晋惠公夷吾,《史记》用了一句"吾将以晋军祠上帝"。

韩原之战发生在农历九月,通常年份的冬至在农历十一月,这个时间差救了夷吾,其实是秦穆姬在这个时间差中救了夷吾一命。秦穆姬是夷吾的同父异母姊妹,和太子申生是一母所生,听闻弟弟被俘,准备用来祭天,这位秦国第一夫人展现出了周朝历史上西北女人从未有过的泼辣,带领着两个儿子和女儿,一哭二闹三上吊,身穿丧服,脚履柴薪,拉开一副自焚相逼的架势。

这是典型的后宫干政案例。

后宫干政,被周武王形容为母鸡打鸣,在历史上留下了"牝鸡司晨,惟家之索"的成语,历代封建王朝引以为戒。秦国开张以来,似乎半游离在周礼之外,这种行为如果放在中原列强国度,首先就过不了士大夫这一关。

可是在秦国,这就成了秦穆公的家务事,一个是老婆,一个是小舅子,外带三个子女,足够开一次家庭会议。偏偏这时候,周襄王也掺和进来了,这位天下共主没有忘记王子带造反时晋国给予的帮助,因此,以周天子的名义向秦国发出呼吁:刀下留人。按照司马迁的记述,春秋期间"弑君三十六,亡国五十二",其实远不止这些,但是,列强争霸,杀败国之君的案例,可谓凤毛麟角,而且秦穆公要拿晋惠公去祭天,纯属踩过红线,祭天本来就是周天子的专利。这么说吧,周天子自称是上天之子,上天也相当于周天子的名誉老爸,各个诸侯辈分上算是周天子的干儿子,现在一个干儿子要杀另外一个干儿子,还要去给名誉老爸拜祭,在道义上,周天子没有不管的理由。

在数年之后,发生了一件类似的事。《左传》录,僖公十九年宋襄公要拿鄫国国君的小命祭祀天地,宋襄公的同父异母兄大司马子鱼说了一席话:"……小事不用大牲,而况敢用人乎?祭祀以为人也。民,神之主也,用人,其谁飨之?……得死为幸。"

说了半天,就一个意思:用人祭祀,小心日后不得好死。

道理都一样,最后秦穆公妥协了,不能为了杀掉一个夷吾,闹得自己家里大办丧事。夷吾终于活了下来,但卖相很难看,割地赔款,又把儿子太子圉抵押给秦国做人质。

《史记》载:"夷吾献其河西地,使太子圉为质于秦。秦妻子圉以宗女。是时秦地东至河。"

《左传》录:"秦始征晋河东,置官司焉。"

综合以上史料判断,经过韩原之战,秦国的势力范围已经延伸到了黄河以东。

夷吾回到了晋国,毫不犹豫地杀了庆郑,可算出了一口恶气,估计庆郑临死终于明白了一个道理:做人留一线,日后好见面。在这一点上,秦穆公就做得相当到位,恰逢这一年,晋国年馑饥荒,秦国又一次不计前嫌、慷慨解囊,彰显大国风度,仅此一点,秦穆公就不愧成为春秋五霸的候选人之一。

4.人在囧途

夷吾回到晋国，做了两件事，一件好事，一件坏事。

好事就是晋国开始推行了"作爰田"制度。"作"为始作，"爰"即易也，西晋孔晁注："赏众以田，易其疆畔。"这是晋国历史上影响深远的一次土地私有化改革。历经韩原之战，晋国人心不稳，夷吾痛则思变，"赏众以田"，收买人心。"作爰田"制度使得生产资料可以下放到劳动者手中，进一步解放生产力，国力大幅提升，为日后晋文公称霸提供了坚实的经济基础。但是，虽然表面上是"赏众以田"，实际上卿大夫阶层近水楼台先得月，结果是"赏卿以田"，晋国六卿富可敌国，日积月累，尾大不掉，最终导致两百多年后三家分晋。

坏事是夷吾把重耳看作了眼中钉、肉中刺，因为夷吾执政业绩不佳，政权风雨飘摇，重耳的存在被视作他最大的威胁，于是派人追杀重耳。不知道是无人可派，还是选择就熟驾轻，人选竟然还是太监公勃鞮，勃鞮依然执行做事留一线、日后好见面的原则，重耳安全无恙。

但是翟国不堪晋国施压，重耳只能再度出走，又开始了长达七年的流浪人生。

重耳下一站的目的地是齐国，因为此时齐桓公还健在，他认为齐盟主可以为他做主。

此时的重耳已经迈入人生第五十五个年头，在古代，能活到这个岁数实属不易，绝大多数人基本上是老太太过年，一年不如一年，在这个年龄期望再创辉煌，纯属扯淡。但是重耳就是重耳，五十而知天命，重耳仿佛知道自己天命不绝、必有可为。重耳的追随者也是这么认为的，不惜用自己的全部人生，投资这位年过半百的老头。

重耳赴齐国之际，告诉妻子叔隗：再等二十五年，如果我流浪未归，你就择夫另嫁吧。而实际上，重耳十六年后就与世长辞。

妻子答复说：二十五年后，我就是一个快要进棺材的人了，还用得着另嫁吗？这就是成语"行将就木"的出处。

话别完毕，重耳一行向齐国出发，途经卫国，卫文公无暇接待，《左传》文绉绉记录："卫文公不礼焉。"根据接下来重耳一行的狼狈样，实际情况应该是被卫文公扫地出门，因为重耳离开楚丘，到了一个名为五鹿的地方，就要靠乞讨维生了。

五鹿两次出现于《左传》，一个是晋地，位于现在河北大名县；一个是卫地，位于现在的河南濮阳县。重耳奔齐经过的五鹿，只能是濮阳县的五鹿，距离楚丘不过六七十公里。

也就是说，出了楚丘，驱车六七十公里，重耳一行已经弹尽粮绝，要向路边的乡野村夫乞食充饥。可见，卫文公对于重耳的接待，最多一顿工作餐而已。

其实无礼重耳这件事，不能屎盆子全扣在卫文公身上。卫文公是有名的历史劳模，为卫国中兴立下了汗马功劳，遇事勤俭亲躬，不过此时卫国遇到了麻烦。曾经被狄人打得亡国灭种的邢国，这时候突然间神差鬼使地和狄人穿起了一条裤子，合伙上门修理卫国。《左传》僖公十八年录："冬，邢人、狄人伐卫。"时间、地点、人物正好对应，此时的卫文公疲于应对此事，无暇顾及重耳，邢国也因此和卫国结下了梁子，僖公二十五年，邢国被卫文公灭国灭祀。

所以，这次重耳到访，卫文公只有勤俭，没有亲躬。

五鹿的乡野村夫，除了比卫文公更加节俭，还和重耳玩起了黑色幽默，随手捡起田里的一块土坷垃，捧到重耳面前。

如果一个乞丐上门讨饭，有一种羞辱叫放狗咬人，另一种羞辱就是如上所示。堂堂晋国公子，刚吃了卫文公的闭门羹，又被卫国乡村野夫往嘴里塞了一块土坷垃，奇耻大辱，怒火中烧，抬手就要打人，被舅舅狐偃拦住。

狐偃劝阻说的话，大意是：老板，好兆头，土生万物，地广立国，晋国以后非你莫属。

重耳向村夫乞食，收到一块土坷垃，狐偃劝他收下

万事万物，皆有阴阳两面，关键看你走阴还是走阳，有人不甘凌辱而自杀，有人屈辱来了当励志。能忍常人不能忍，方为重耳。于是作揖叩拜，感谢五鹿乡亲们醍醐灌顶，抱上这颗励志土坷垃，继续赶路。

重耳虽然表面接受，但心里早已破口大骂。时隔多年依然耿耿于怀，十二年后派兵讨伐卫国，占领五鹿，以此洗刷当年之辱。

传说介子推割股充饥的故事，就发生在这趟旅途中。都是春秋霸主，齐桓公吃人肉是为了尝鲜，晋文公吃人肉则因为饥无可食。

5.志在四方

经过长途跋涉,重耳一行终于到了齐国,齐桓公充分展现了盟主担当,先赐老婆后赏马:老婆一个,马八十匹。虽然老婆不是齐国公主,但也是公主的堂姐妹系列,称之为齐姜。春秋时期的齐国姜姓美女统称齐姜,所以齐姜之名多次出现。但这次的齐姜并非一般的凡妇俗女,颇有女中豪杰的味道,发明了一句"志在四方"的中国成语,不要说女人,即使一般男人也不敢轻易沾惹这四个字。

此时的重耳,在齐国过上了"五花马、千金裘"的上流生活,乐不思蜀。而齐姜的出现,应验了一个道理:男人的一生,站得高不高,走得远不远,跟自己身边的女人有直接关系。

重耳在老牛拉破车的年纪,回想十几年来的漂泊生涯,感慨在齐国可算是找到了安全感。因为生得安逸、活得潇洒,重耳也渐渐失去了外出闯荡的心思。

但重耳的随行团队不干了。你一事无成,我们哥几个的一生投资不就打水漂了吗?于是,背着老板和老板娘,躲到桑园商量对策,准备拉着重耳一起出去混世界。偏偏这事让齐姜的侍女听到了，告诉了齐姜。

齐姜接下来的操作，足以让人惊掉下巴。齐姜把侍女杀了，站到了重耳团队一边。

齐姜显然不想跟着重耳过小日子，更想跟着重耳闯世界，于是用了一句"子有四方之志"来调动自家男人的肾上腺素，劝重耳周游列国，择机而起。

支持重耳出走列国，可以理解。但一不做、二不休杀了侍女，令人费解。这女人也忒狠了，即使侍女干了打小报告的事，也命不该绝，何况侍女的行为明明就是告密表忠心，这可是古往今来一个下属对主子的最高投名状。

难道背后有隐情，不杀侍女重耳就走不了吗？那么，齐国收留重耳其实就是软禁，从齐姜和侍女的所作所为，可以这么判断。

第一，晋惠公夷吾正在四处追拿重耳，有可能动用政府资源，利用外交渠道，请求齐国帮忙，能杀则杀，不能杀则扣，起码别让重耳出去搞"串联"，招惹是非。重耳崛起，这种可能性不仅有，而且大有可能。都是周天子麾下，华夏兄弟，自家亲戚，这点忙能帮则帮。

第二，齐桓公也知道重耳的威力：这小子必定大器晚成。就凭他那些死心塌地的追随者，足以证明此人并非等闲之辈。

因此，重耳被软禁的假设是有可能的。

齐姜开始是一颗糖衣炮弹，只为了留住重耳。按照《史记》记录，重耳在齐国待了两年，出走之时齐桓公已经死了，齐桓三宠当道，齐国进入了一个五子夺嫡的时代，所以，齐姜权衡之后，将赌注押在了重耳身上。

历史证明，齐姜押对了。

重耳当时还被蒙在鼓里，自己老婆联合自己的创业团队来灌酒，哪有不醉的道理。等到重耳醉如烂泥，装车潜行，齐姜送别，行至久远，重耳酒醒，发现老婆没了，自己已经远离了锦衣玉食的临淄，于是发起了疯，拿起一根长戟追打行动主脑狐偃。

假设重耳被软禁的命题成立，那么重耳追打舅舅狐偃就是一种作秀，仍是要隐藏自己的野心。

于是，重耳又接着开始流浪之旅。这次显然处境好了很多，因为重耳已经混成了春秋红人，最起码不用下属割股充饥了。可以设想一下，当时的江湖都在传闻：有这么一位晋国公子，放弃了晋国一哥的优先继承权，让位给了晋惠公。这种行为被称作辞国，春秋版的伯夷叔齐，宋襄公式的道德模范。纵观历史，有几位能做到辞国、别妻加弃子？志在四方，周游列国，如果活在当下，肯定是个直播网红。

重耳出齐的第一站是曹国，本想着大家都是姬姓同僚，血浓于水，没料到当政的曹共公是个偷窥癖，对于重耳的才艺贤德置若罔闻，而是对重耳的身体隐私产生了浓厚的兴趣。趁着重耳洗澡之际，堂堂曹伯躲在暗处，聚精会神，垂帘偷窥起了重耳的"骈胁"症。所谓骈胁是一个中医术语，一方面指肋骨畸形，密不可分，连成一片；另一方面又指肌肉发达，不显肋骨。《史记》中有"多力而骈胁者为骖乘"的记载。传说春秋战国时期的重耳、张仪身怀骈胁，同时代西方的柏拉图也有骈胁，所以骈胁症相反成了一种牛人奇相的说法。到底重耳属于肋骨畸形的现象，还是皮下脂肪发达、不显肋骨的情况，今人不得而知，但是曹共公的这种行为，就相当于明知道家里来了一个瘸子访客，还强烈要求对方跳上一支舞，证明自己是瘸子，纯属戏弄。

戏弄瘸子的后果是遭人唾弃，但是戏弄一位春秋霸主的后果将是灭顶之灾。重耳称霸之后，曹国被晋国吊打，曹共公为当初的偷窥之举买了单。有人结怨的同时，就有人结善，曹国大夫僖负羁却因人结善，这个人就是僖夫人。《礼记》有规定："天子之妃曰后，诸侯曰夫人，大夫曰孺人，士曰妇人，庶人曰妻。"所以，本着尊重历史的原则，这位僖夫人暂且称之为僖孺人。曹国出产的历史名人凤毛麟角，但僖孺人榜上有名，被刘向收入《列女传》，而且被捧入《仁智传》。只因僖孺人看待事物的角度不同，她认为重耳身怀骈胁，奇人异相，必成大器，于是提醒自家男人：善待此人。

善待就是请客送礼。但是曹共公已经定了调,他也不能犯上行事。但是,万事皆有潜规则,僖负羁夫妇二人也现场潜了一把。僖孺人给重耳端上一盘安慰饭。此时的重耳已经告别了饥不择食、割股充饥,所以对饭没有特别的感觉。但是饭下有情况,中国有句成语"图穷匕见",重耳所见的是"饭尽璧玉见",原来僖负羁夫妇在饭食下面搁了一块玉璧,暗送重耳。

重耳英雄大气:心意全收,拒收玉璧。

历史证明,僖孺人和齐姜一样慧眼识珠,也押对了。多年以后,重耳称霸,没有放过曹共公,但是,善待了僖负羁一家。历史告诉我们:善待别人,等于善待自己;戏弄别人,等于戏弄自己。

6.泓水之战

离开了曹国,重耳一行来到了宋国。

宋襄公热情接待,按照齐桓公的标准,赏赐重耳八十匹马,除此之外也无能为力,因为,此时的宋襄公不得志,再也不是当年继承齐桓公盟主衣钵、踌躇满志的宋襄公了。

就在重耳至宋的那一年,泓水之战刚刚结束,宋国被楚国吊打了。

这一年是公元前638年,宋襄公十三年,鲁僖公二十二年。齐桓公卒于鲁僖公十七年,重耳至齐两年后齐桓公卒,然后出走。依此计算,此时的重耳已经在外流浪了两三个年头,最起码在曹国待了一年以上。

齐桓公死后,郑国第一个反水,投靠到楚国阵营,宋襄公也以老大自居。先收拾了不听话的郑国,树立威信,然后开始搞会盟,借以确立自己的盟主地位。

泓水之战的前一年春,老宋在家门口拉起了一场鹿上会盟,虽然只有齐国和楚国参加,但意义重大,这是一场盟主选举的预备会议。齐国是前任盟主,前任支持候任,官宣着承前启后,楚国一直是前任盟主的反对派阵营,这次楚国以前来会盟的方式表示支持，说明候任盟主的威望将是一次历史性飞跃。

一向以来最难搞定的楚国，也让宋国搞定了，楚成王答应宋国，将号召自己的小兄弟们组团支持，宋襄公仿佛打了鸡血。后来证明，楚成王纯属忽悠，估计他也是被宋襄公忽悠过来会盟的，既然在人家屋檐下，必须说点好听的。

宋襄公彻底飘飘然了。

但是，宋襄公的庶兄子鱼，现在是宋国掌握兵权的大司马，公开反对："小国争盟，祸也。"没有金刚钻，别揽瓷器活。

宋襄公并没有停下。秋季，宋襄公发起了盂地会盟。说到盂地，就扯出了一个盂国，郭沫若在《卜辞通纂》中写道："所谓盂方者，可知乃殷东方之国也，……地在河南睢县。"这个地方离宋国也很近。这次会盟是一次推举大会，为了体现代表性，参会代表众多：宋、楚、陈、蔡、郑、许、曹七国首脑。

在这次会盟上，楚成王没有和宋襄公掰扯仁义，携兵驾车参会，一不做，二不休，直接当起了绑匪，现场绑架了宋襄公。而且领着人马公开在宋国门口耍横，《春秋》曰："执宋公以伐宋。"

好在鲁僖公出面协调，搞了一个薄地会盟，楚国总算放了老宋，但肯定不会无条件释放，最起码中间人鲁僖公要向双方阐明：过后不究。宋襄公咽不下这口气：说好的会盟，结果进去的是贼窝，颜面尽失，这都忍了，宋国以后还咋混。

楚国暂时可以不惹，想惹也惹不起。宋国就像子鱼所说的，没那实力，但是楚国的小兄弟郑国，还是可以用来出出气的。第二年，老宋带着卫国、许国、滕国三个小兄弟，群殴郑国。

子鱼再次极力反对：惹事必生非。

果然，楚成王不干了，郑、楚正值蜜月期，宋襄公分明是杀鸡儆猴，于是楚国伐宋救郑，泓水之战爆发了。

宋襄公十三年，也就是楚成王三十四年十一月初一，楚、宋两军相约泓水河畔，准备决一雌雄。泓水是一条消失于历史的古河水，淮河水系中孙子辈的支流，位于今天河南柘城县北三十里处。"泓"字寓意水深且广，说明当年泓水河深水急，是天然军事屏障。

泓水之战发生在宋国家门口，楚国属于上门找茬，宋襄公就在家门口以逸待劳、列队迎战，这个家门口就是泓水北岸。眼看楚军顶着寒冬腊月天抢渡泓水，大司马子鱼大喜：楚军虽然人多势众，但我们可以半渡而击，此乃天赐良机！

宋襄公很淡定：且慢，古之用兵，不以险阻。

眼看着楚军从容渡河，正在收拢车马，车待成形、人待入列，子鱼急切提醒：老大，趁其不备，打他个措手不及。

宋襄公依然淡定：不鼓不成列，这是老规矩。

所谓不鼓不成列，中国成语，虽然不是老宋发明的，但是是被老宋发扬光大的。"鼓"指的是击鼓进攻，不鼓不成列指的是不进攻没有排成作战队形的军队。

这是在武侠剧中才有的情节：两位剑客比武论道，走招换式，几个轮回下来，挑战者的鞋掉了。被挑战者淡定地说：回去换了鞋再来，不然坏了我的名声。接着再来再打，挑战者的剑折了，被挑战者再一次淡定地说：回去换把剑再来，我不杀无剑之人。

那么，这个被挑战者一定是一位旷世高手，条件是挑战者无论换鞋还是换剑，最后都输了。

如果宋军赢了，宋襄公就是旷世高人，当之无愧的诸侯盟主，估计宋襄公当时就是这么想的。

可惜，宋襄公输了，输得异常惨烈，护卫全部阵亡。宋襄公的屁股上挨了一箭，其他损失，可想而知。当时能上战场的都是有身份的国人，能上车冲杀的都是贵族，泓水一战，贵族亦损，国人亦殇，怨声载道，这才有了关于如何作战的真理大辩论，被左丘明记录为《子鱼论战》。

泓水一战，宋襄公输在迂腐，楚成王赢得侥幸，所以二人都未当上盟主。楚军纯属瞎猫遇上了死耗子，倘若宋军抓住其中一次战机，楚军必定人仰马翻。

正如毛泽东在《论持久战》中所说："我们不是宋襄公，不要那种蠢猪式的仁义道德。"

宋国称霸雄心，从此灰飞烟灭，老宋也在泓水之战的第二年郁郁而死。即使如此，宋襄公对自己的仁心义举坚持不悔，依然善待重耳。因此，高举仁义大旗的孔子和荀子推举宋襄公为春秋五霸之一，相反子鱼的后裔墨子坚持先祖的观点，否定了宋襄公。

重耳也不可能再指望宋襄公这个半成品盟主为他撑腰，实现抱负，只能继续流浪。

7.机会来了

公元前637年,重耳离开了宋国,辗转到了郑国,郑文公不礼,因为重耳是齐桓公和宋襄公的座上宾,此时,郑国已经脱离了齐、宋阵营,投到了楚国怀抱,而且唯楚成王马首是瞻。

就在去年的泓水之战一周后,楚成王把凯旋后的献馘(guó)之礼送给了郑文公。

献馘之礼就是献俘之礼,古代军礼之一,是指军队大捷之后,要将俘虏和战利品献于祖庙或君王。献馘之礼需要割下俘虏的左耳当作献礼。

楚军这次执行献馘之礼,用的是宋俘左耳,这是周天子或楚国老祖宗才有的待遇。虽然楚成王纯属炫耀,但是郑文公受宠若惊,九次敬酒,并且文公的两位夫人文芈和姜氏也到场助兴。楚成王酒醉之后,文芈亲自送回军营,这还不够,又当场送给楚成王两位美女,《左传》称之为"郑二姬",一龙二凤,男女共寝。

文芈来自楚国,野史传闻,文芈是楚成王之妹,"郑二姬"是文芈的两个女儿,果真如此,楚成王不就是把自己的妹妹认做了丈母娘？这一点杜撰成分比较多，只是为了恶搞楚成王，但是无风不起浪，这说明，就楚成王这副德行，的确当不了盟主。

有楚国这位大哥撑腰，郑文公看不上重耳，从此，郑国和晋国的梁子结下了。郑文公时代，郑国的历史曝光度虽然不减当年郑庄公，但是地位已由当年的春秋小霸混成了大国附庸。

重耳一行继续流浪列国。下一站是楚国，楚成王以诸侯之礼相待，这是在打郑文公的脸：你在楚国跟前像条狗，我在楚国是座上宾。楚成王礼遇重耳，多有英雄相惜的成分，也有风险投资的企图。此时的重耳是一支被多方看好的绩优股，但是，刚刚上任的令尹子玉态度相反：重耳虽贤，但和楚国不是一个赛道上的选手，大家以后竞争的可能性，远远大于合作，所以，不如直接送他去西天，以绝后患。

令尹子玉，《左传》又称之为成得臣，是令尹子文的弟弟。此时的子文年老力衰，借着当年楚国修理宋国跟班陈国的战功，推荐弟弟接了班。

楚成王没有采纳子玉的意见。楚国经营着汉水流域，晋国地处黄河以北，隔山隔水，一个是南蛮之地，一个是戎狄接合部，真正的风马牛不相及，直到泓水之战，双方也未曾在历史上碰过。当下楚国主要对付的是齐、宋阵营，重耳即使上位，那也可能成为自己手中的一张牌，从北方夹击中原。但是，楚成王也不甘心被重耳白吃白喝，于是某一日，楚成王设宴款待重耳一行，推杯换盏之际，楚成王发话了。

《左传》录："公子若反晋国，则何以报不穀？"

这句话首先就是对重耳的肯定：兄弟，你真有才，我们俩合伙，保你成功。其次：寡人待你不薄，你成功了，怎么报答我？

重耳不愧是见过大世面的主，不像晋惠公夷吾，胸中无城府，满嘴跑火车，当初随随便便就承诺给了秦穆公河西八城。

重耳对曰："子女玉帛则君有之，羽毛齿革则君地生焉。其波及晋国者，君之馀也，其何以报君？"

重耳的回答顺杆爬，人云亦云，先吹捧，后挖坑。楚国家大业大，老大，您缺啥？

楚成王一看，这样下去，自己还真让重耳这小子白吃白喝了，所以不依不饶：老子虽然啥都不缺，但你也要意思意思。

重耳被楚成王逼到了墙角，做条哈巴狗吧，肯定被人瞧不起；当只白眼狼吧，今天就有可能变成狼肉。于是，重耳选择了不卑不亢，和楚成王玩起了外交辞令：老大，一国之臣，让人莫大于让贤和让位；一国之君，让人莫大于让国和让兵，让国你肯定难以承受，那我就让兵吧。假如楚、晋两军相约中原，晋军将退避三舍。

成语"退避三舍"就这样给楚成王逼出来了。《左传》中记录重耳用语相当客套，弱弱地说了一句"晋、楚治兵"，治兵古指秋季练兵，相当于军事演习，重耳明显示弱。

最后，重耳亮出了底线。如果退避三舍都不满意，那只能兵戎相见了。

现场的令尹子玉爆炸了，建议楚成王杀了他。

楚成王不批准，说："天将兴之，谁能废之。违天必有大咎。"

放走重耳，是楚成王戎马一生中最大的失误，否则早成霸业，令尹子玉也不会折戟城濮。

重耳红了，闻名诸侯之间。坐看庭前花开花落，笑望天边风起云涌，此时的重耳可以用这句诗形容。人家怼他，他红了；人家戏他，他也红了；他怼人家，他又红了。一部影视剧中一旦出现这种情况，他只能是主角。

正好这一年夷吾死了，重耳的机会来了。

按照道理，夷吾死后当然是夷吾之子太子圉继承，总不能"弟终兄及"吧？无论是周礼，还是历史先例，都没这个说法。但是机会往往一半是自己创造的，另一半是对手替你创造的。

太子圉就是这样。本来他在秦国当人质，秦穆公又搞了一次秦晋之好，把女儿秦嬴嫁给他，这个举动传递了一个信息：秦国支持你。

泓水之战那一年，晋惠公夷吾病入膏肓，太子圉急于接班，就独自溜回晋国，秦嬴留守在秦。一般情况下，晋惠公死了，晋国政府应该通过外交渠道，吹吹打打迎回太子和太子妃，太子圉接受万人朝拜，风光继位。太子圉提前逃回晋国，不是为了尽孝，而是因为太子圉和老爸夷吾一样，在国内的支持率太低，如果迟到了，国君大位不一定轮上他坐。

坐上大位的太子圉又犯了一个致命错误。

在智商和情商都正常的情况下，继位后的太子圉最起码要把现任太子妃秦嬴隆重接回晋国，这样做传递着一个信号：现政府坚持秦晋之好的一贯方针，否则，就是在打秦穆公的脸。可是他没这么做。就这样，好端端的一个秦晋之好，被太子圉搞成了秦晋之恨。

本来太子圉还有一个后台，那就是梁国，梁国是夷吾的避难地，也是太子圉的姥姥家，但就在几年前，秦国把梁国和芮国一锅端了。

梁国原本和秦国同姓同源，周宣王时代，秦仲的小儿子嬴康被封为梁伯，建国在今天的陕西韩城县境内，本以为挨着堂兄弟秦国好有安全感，没想到亡在秦国手中，国祚130年，传世十三代，估计梁伯亡国前对天长叹：兄弟，血缘关系是靠不住的。

但是，太子圉没有从梁国灭亡中长记性，依然相信靠着血缘混人生。接着他又干了一件蠢事，彻底把自己的政治资本混没了，只剩下血缘资本。

太子圉上台，坚持老爸路线，继续把重耳视为眼中钉，因为重耳这几年周游列国，人气飙升，追随者渐多，几乎拉起了一个晋国流亡政府。太子圉下令，严禁追随重耳，否则株连三族，狐偃和狐毛的老爸狐突，就这样被太子圉作为警示案例给诛杀了。论辈分，狐突是重耳的外公，狐突视死如归，临死之前深明大义，力挺狐偃和狐毛。

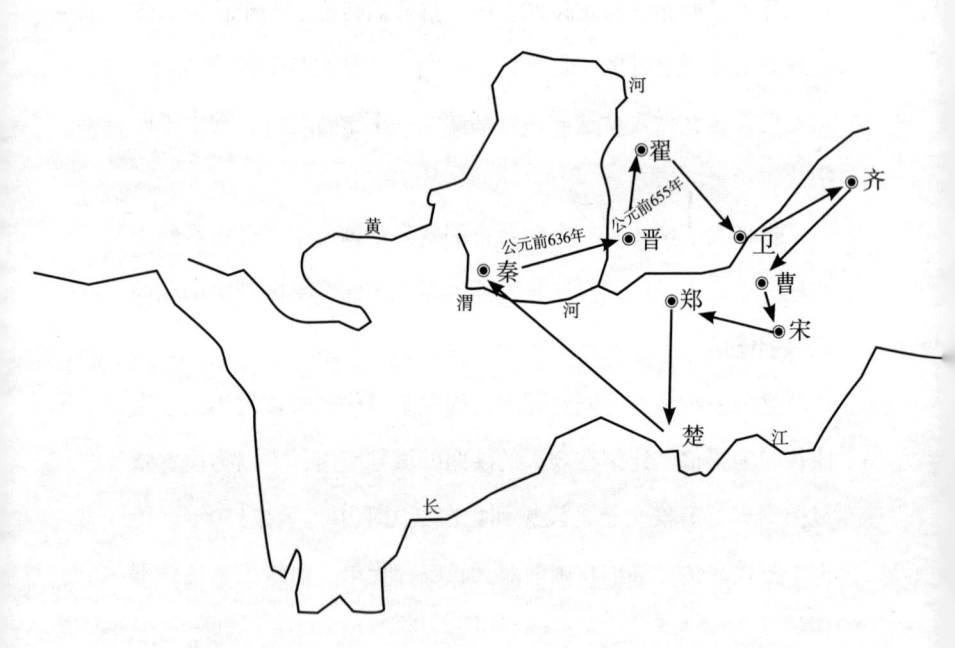

重耳流浪图

任何情况下，当一个老爸因为支持两个追求真理的儿子而惨死于当局者刀下，那么当局者在革命群众的心目中就变成了反动派。太子圉就这样把自己混成了反动派，人心向背。相反，重耳的流亡政权成为众盼所归，这才导致以后重耳归晋，一路几乎畅行无阻。

就这样，太子圉走上了一条通往"晋怀公"的不归路，谥号中的"厉公""殇公""灵公""怀公"等，都是对夭折国君的哀谥。

重耳回国的时机已经成熟，只是缺少一个推手。

敌人的敌人就是朋友，于是，重耳瞄上了秦穆公。楚成王也巴不得这笔风投早点上市，以楚国名义，风风光光把重耳一行送到了秦国。

第十三章

重耳归晋

1.盖云归哉

重耳到了秦国,秦穆公如获至宝,将独守空房的女儿秦嬴转嫁给了重耳,担心重耳嫌弃,又额外添加四名美女陪嫁。

重耳命运多舛,几经流浪,但几乎是走到哪里就娶到哪里,而且是每多一个老婆,重耳就多了一条出路。只不过这次娶的是侄媳妇,多少有些难堪,难免使用了一些家庭冷暴力,于是,秦嬴发飙了,暴出了西北女人特有的泼辣。

《左传》录:"怒曰:秦、晋匹也,何以卑我!"

字面意思虽然是讲秦、晋匹配,地位平等,实际上就一句大白话:老娘哪一点配不上你。

重耳吓坏了,这女人当下就是金主,赶紧滚到门外,脱衣罚站。当年重耳年过花甲,当时正值寒冬腊月,但凡没有雄心大志的男人,一般不会对自己这么狠。

重耳是男人跪搓衣板的历史先驱,阐述了这样一个道理:一个成功男人,该跪则跪,关键是给谁跪。

重耳算是过了老婆这一关,但还要过秦穆公这一关。一般来说,岳父考察女婿,重心在事业,具体看谈吐,表现在饭局。于是,秦穆公设宴,款待重耳,重耳心知肚明,团队精心

重耳为了安抚秦嬴主动到门外罚跪

准备，反复彩排——要让一个投资人对一个六十岁的老头充满信心，谈何容易。

舅舅狐偃推荐"重耳五贤"中的二号人物赵衰陪同重耳赴宴，理由赵衰是双簧高手，能说会道，而且风流倜傥，总比一个六十岁的老头带着老舅气场强。

之所以说赵衰风流倜傥，是因为赵衰娶了老板的两个亲戚，一次是重耳做主，把小姨子嫁给了赵衰；另一次是重耳把女儿嫁给了这个小姨夫。赵衰与夫人一直相安无事，家庭和谐。

这次宴会，既是家宴，又是国宴，宾主双方既要保证气氛融洽，又要志趣高雅，还要技压一筹，所以既不能斗酒，也不能斗嘴，只能斗诗。

中国酒宴，从古至今，最高境界莫过于斗酒诗百篇。

首先，赵衰唱诗助兴。

> 芃芃黍苗，阴雨膏之。悠悠南行，召伯劳之。
> 我任我辇，我车我牛。我行既集，盖云归哉。
> 我徒我御，我师我旅。我行既集，盖云归处。
> 肃肃谢功，召伯营之。烈烈征师，召伯成之。
> 原隰既平，泉流既清。召伯有成，王心则宁。

这首诗名为《黍苗》的劳动诗歌，实处发挥，虚处传神，中心归集一句话：盖云归哉。

再往直白说：各位老大，何时归晋？

赵衰抛砖，重耳煽情，趁着酒兴，吟诗一首。

> 沔彼流水，朝宗于海。鴥彼飞隼，载飞载止。嗟我兄弟，邦人诸友。莫肯念乱，谁无父母？
> 沔彼流水，其流汤汤。鴥彼飞隼，载飞载扬。念彼不迹，载起载行。心之忧矣，不可弭忘。
> 鴥彼飞隼，率彼中陵。民之讹言，宁莫之惩。我友敬矣，谗言其兴。

这首诗名为《沔水》，后被孔子收录在《诗经·小雅》。子曰："不学诗，无以言；不学礼，无以立。"依孔子所言，春秋时期，学诗吟诗就是言的最高境界，《诗经》中的诗又是当时社会上的流行歌曲，所以，可以想象一下，当时附庸风雅、追求潮流的上层社交圈，大家交流言谈，估计都得边唱边说。

沔（miǎn）水，汉江古源头，流经陕西沔县，1964年改为勉县，原因是除了沔县人民，中国人几乎不认识"沔"字，改了之后，连沔县人民也不认识了。勉县虽然不出名，但是勉县的定军山人人皆知。其实"沔"字字意美好，重耳自比沔水，心向大海，"沔彼流水，朝宗于海"。

宋人朱熹对《沔水》一诗的解读为："此忧乱之诗。言流水犹朝宗于海，飞隼犹或有所止，而我之兄弟诸友乃无肯念乱者，谁独无父母乎？乱则忧或及之，是岂可以不念哉？"

重耳此时此刻搬出这首诗，除了回答赵衰"盖云归哉"的提问，也在向岳父大人表白：我也想啊，谁帮我？

古人崇尚：诗言志，歌永言，声依永，律和声。流亡之人，寄人篱下，吟唱忧扰之诗，悲中有锵，锵中带忧，此情此景，秦穆公不由得感慨万千。

英雄相惜，一杯浊酒，一曲高歌。秦穆公随即一首《六月》相和。

> 六月栖栖，戎车既饬。四牡骙骙，载是常服。玁狁孔炽，我是用急。王于出征，以匡王国。
> 比物四骊，闲之维则。维此六月，既成我服。我服既成，于三十里。王于出征，以佐天子。
> 四牡修广，其大有颙。薄伐玁狁，以奏肤公。有严有翼，共武之服。共武之服，以定王国。
> 玁狁匪茹，整居焦获。侵镐及方，至于泾阳。织文鸟章，白旆央央。元戎十乘，以先启行。
> 戎车既安，如轾如轩。四牡既佶，既佶且闲。薄伐玁狁，至于大原。文武吉甫，万邦为宪。
> 吉甫燕喜，既多受祉。来归自镐，我行永久。饮御诸友，炰鳖脍鲤。侯谁在矣？张仲孝友。

这是一首描写北伐戎狄、胜利而归的战歌，刀出鞘，箭在弦，人喊马嘶杀敌人。

可以这么理解，重耳以一首《沔水》抒情言志，秦穆公用一首《六月》给重耳打了鸡血。

从这也可以看出，当时的上流社会，吟诗作唱已经是衡量一个人素质修养的一项基本功，一首将近两百字的诗，平时没有积淀，不可能随手拈来，现场吟唱。

这可能是中国历史上最有价值的一场诗会，决定了一个时代，没有之一，只能第一。至此，完美收场，秦穆公从重耳的投资人升华到粉丝，从古至今，历史告诉我们，你可以身无分文，但你不能没有理想，因为理想可以撬动别人的腰包。

秦国的政府资源被重耳撬动了，秦穆公支持重耳：我顶你，必须做晋国的老大。

此时的重耳心里默念：我还要做你的老大。

2.翻身农奴把歌唱

想投资重耳的不仅一个秦穆公,晋国国内也开始倒戈,大夫栾枝和郤縠也在暗中联络重耳,可见太子圉的确不得人心。

栾枝是栾氏家族中承上启下的人物,是栾宾的孙子、栾共子的儿子和栾盾的爹。栾宾曾鼎力辅佐过曲沃桓叔,栾共子在曲沃伐翼中舍生取义而声名大振,栾枝官至晋国下将军和上将军,所以栾氏家族地位显赫,声望颇高。郤縠是晋国六卿郤氏家族的代表人物,以后官至中将军,晋国三军中就数中将军的军衔最高,享受正卿待遇。郤氏家族的创始人是郤豹,郤二代有两位留名史册:郤縠和郤芮。郤芮跟着夷吾混,最后混到了阴曹地府;郤縠跟着重耳混,混得风生水起。

栾枝和郤縠不但代表着民意,还代表着军方,所以,太子圉离晋怀公的身份越来越近了。无论啥时候,怀公都代表着早死的一国之君。

鲁僖公二十四年,公元前636年,秦穆公派公子縶(Zhí)领兵护送重耳回国,有着栾枝和郤縠的里应外合,重耳一路势如破竹,一路打一路谈,一路赏一路赐,不到一个月,重耳就已经抵达新晋政权的革命圣地——曲沃。曲沃也称故绛,是晋国的圣都，曲沃桓叔、曲沃庄伯、曲沃武公三代的祖庙，都在曲沃，这里是新晋政权的发祥地。

《左传》录："朝于武宫。"这话包含了两层意思。一是重耳朝拜了供奉着晋武公的祖庙，好比一个失散多年的游子归来，跪在父母坟前，泪如雨下：爹啊娘啊，孩儿不孝，来晚了。这叫认祖归宗，晋武公是重耳的爷爷，进了祖庙，拜了祖宗，就是合法继承人。二是重耳在祖庙中朝见了旧臣新宠，当着祖宗神灵，重耳行使着自己的合法权益。

重耳没有拜谒曲沃桓叔和曲沃庄伯的祖庙，因为桓、庄公族被重耳的老爸晋献公设计灭门了，没见过哪个胆大的，既杀了人家儿子，又敢在人家老爹灵前祈福。

相比之下，此时的太子圉日薄西山，新绛待不下去了，跑路到了高梁，事实证明，太子圉纯属瞎跑。如果太子圉想活命，就得远走高飞，去异国他乡寻求政治避难。但是，高梁属于晋地，位于现在的临汾市东北，完全处于重耳的攻击范围内。说明太子圉没有打算离开晋国，而是准备割据一方、东山再起。可惜，太子圉人气低迷，追随者甚少，左丘明在《左传》中借用介子推的嘴说了一句："惠、怀无亲，外内弃之。"太子圉不但没有复辟机会，也不具有反抗实力，重耳只派出了一位史上无名之辈率兵，就轻轻松松把太子圉送到了阴曹地府，当了晋怀公。

晋怀公政权几乎坍塌于瞬间，史书记录为三天："丙午，入于曲沃。丁未，朝于武宫。戊申，使杀怀公于高梁。"虽然老祖宗这套干支历法记述，足以让一个新时代的社会主义劳动者找不到北，但经过科普之后终于明白，丙午日之后是丁未日，丁未日之后是戊申日。三天是一个酒鬼酩酊大醉的周期，晋国的公族贵戚，一顿酒醒过后，突然发现变天了，太子圉换成了重耳，是为晋文公。

重耳上位，可谓翻身农奴把歌唱，在成就功业的过程中，旧臣邀功，新宠拥护。

最早邀功请赏的是重耳的舅舅狐偃，当然这位狐偃舅舅肯定带着弟弟狐毛。写到这里，狐氏家族的历史代表人物基本上已经登场，关于狐姓起源，一说起源于晋国创始人唐叔虞，另说源于春秋初期周、郑交质中周王室的质子王子狐，但是狐氏儿女公认狐突和狐偃父子为狐姓的光辉先祖。狐突舍生取义，留下"父教惟望子忠"家训。而狐偃堪称政坛上的老狐狸，他向重耳邀功请赏的方式成为后事之师。

就在重耳踌躇满志返晋途中，东渡黄河，狐偃突然向老板申请辞职，理由是鞍前马后效劳，难免多有得罪。打一个比方，唐僧师徒西天取经，到了大雷音寺门口，孙悟空突然说：师傅，我一路除妖，作孽太多，恐怕玷污师傅英明，你走你的阳关道，我回我的花果山。此时的狐偃就是拒绝成佛的孙悟空。

为明心志，狐偃掏出曾经重耳打赏自己的玉璧，欲求物归原主，好像一位被人抛弃的恋人，分手之际，也要决绝地把定情信物归还对方。重耳被舅舅将了一军，此时，重耳还未入晋，正值革命尚未成功、同志还需努力的最后一搏，少不了狐偃这个首席策划师。再说，眼看大将将成，突然临时换大臣，肯定被人骂作卸磨杀驴、忘恩负义。重耳被逼无奈，将玉璧抛入江中，许下诺言："所不与舅氏同心者，有如白水。"

重耳此举不亚于歃血为盟，鉴于人在江边，条件所限，杀牲改为抛玉，盟书改为口头承诺，暂时请不到神灵莅临，改为河神作证。

狐偃的目的达到了，成为晋文政权的二号人物，领导狐氏家族登上政坛，但是，到了狐偃儿子手里，被赵氏家族彻底打压，狐氏家族从此退出晋国六卿。

这时候，现场有一位小人物对狐偃的表演很是不爽：这分明就是贪天之功、据为己有，关键时候把自己卖个好价钱。于是，这位小人物羞于与狐偃之流为伍，在晋文公上台之后，选择隐退绵山，这一举动着实让自己在历史上爆红。此人正是介子推，之所以说他是小人物，因为他没有入选重耳五杰，也没有力挽狂澜之举，只是在重耳流浪途中割下自己屁股上的一块肉，为老板做了一顿人肉大餐。等到重耳做了一哥，天天锦衣玉食，早已忘掉了介子推，封赏名单中自然也就缺失了介子推。接下来发生的事妇孺皆知，等到晋文公悔矣，追及绵山，寻介子推不获，就采纳了一个小人的建议，放火烧山，逼出介子推。谁承想介子推是个硬茬，在大火中被生生烧死，晋文公悔之晚矣，这把山火也成为他心中永远的痛。于是，重耳下令今后每逢当日严禁烟火，只能吃冷食，这一天是清明节的前夕，这就是中国的寒食节来历。绵山被追封为介子推的人间采邑，从此也叫介山。

历史告诉我们，即使不能生得伟大，只要死得光荣，照样名垂青史。

常言道：万里江山万里尘，一朝君子一朝臣。重耳上位，对于前朝旧臣采取了宽大政策，《国语·晋语》的吹捧可谓登峰造极："昭旧族，爱亲戚，明贤良，尊贵宠，赏功劳，事耆老，礼宾旅，友故旧。"但有一位前朝重臣，重耳胸虽大，但心不容，此人就是寺人披，大名勃鞮。这位仁兄两次差点要了重耳的小命，一次是在蒲城，一次是在翟国，所以，勃鞮一直坐着冷板凳。直到某一日勃鞮手里握了一道投名状，这才不请自到。

勃鞮的这道投名状里也事关重耳的小命，原来惠公心腹旧臣吕省和郤芮密谋弑君，幸运的是勃鞮得到了消息。郤芮当年陪着夷吾流浪梁国，吕省当年在韩原之战后力挺夷吾，主推作爱田。总之，这两位投资家都在夷吾低潮期重金买入，以后赚得钵满盆满。

但是重耳依然怨气不解，直接给了个闭门羹：不见，理由是老子差点死在你手里。

有了这道投名状，勃鞮自然底气十足：老板，如果不见我，你可能还得死，但不是死在我手里。

事到这里，重耳只能将其待为上宾。这一段很精彩，《左传》《史记》《国语》都不惜笔墨，尽情发挥。

重耳依照告密将计就计，悄悄撤离新绛，躲到了周襄王脚下，在王城密会秦穆公。三月三十日，吕省、郤芮在新绛造反，放火烧宫，找不到重耳，就一路追杀，杀到了黄河北岸，结果把自己的命杀没了。

史书定性为诱杀，秦穆公操办，重耳观战。这才是高人，武不及郑庄公，才不及齐桓公，大器晚成，照样称霸。所以说，真正的军事家都是不用扛枪的。

重耳也投桃送李。一个女婿给岳父大人最大的安慰，就是把岳父的女儿照顾好。重耳亲自接回秦嬴。如果一个女人被前夫抛弃，后又被前夫的叔叔迎娶，而且众星捧月，那才叫扬眉吐气，秦嬴的终极目标，就是要当晋国的国母。其实，秦嬴争了口气。背后是老爸秦穆公，秦穆公精挑细选了三千秦兵，专门作为晋文公的私家卫队。

历史上一提秦晋之好，吃瓜群众首先想到的就是晋文公与秦嬴之间的这场政治联姻。周王嫁女，陪嫁也不过侄娣九女，最多搭上几个奴隶组成的工作队。秦穆公嫁女，陪嫁了一支卫队。试想一下，中国春秋时期人口不过两千万，诸侯大国也就百万以上，宗周六师中的一个整编师也就两千五百人，秦穆公给女儿陪嫁秦兵三千，足以发动一次宫廷政变。

重耳稳坐新绛，专心执政，《国语》记载："公属百官，赋职任功。弃责薄敛，施舍分寡。救乏振滞，匡困资无。轻关易道，通商宽农。懋穑劝分，省用足财。利器明德，以厚民性。举善援能，官方定物，正名育类。"鲁君子左丘明先生对重耳的这番赞美之词，超出了春秋时期的任何一位君主。一部春秋史，半部晋国书，就是因为晋国出了一个晋文公，开辟了晋国的百年霸业。历经数代，直到晋悼公时期，晋国的综合实力可抵齐楚秦三国，即使三家分晋之后，晋国的衍生物赵、魏、韩依然能在战国七雄中占据三席，可见晋国之强大。

3.兄弟阋墙

正当晋文公励精图治,领导晋国人民"奔小康"的时候,周天子门庭出大事了,晋国趁机赚得盆满钵满。

这得从一个人说起。

春秋孕育了中华文明的轴心时代,诸子百家,比比皆是,但唯独成周洛邑人丁未出。按理说天子脚下,王权中心,理应就是文化中心,但就是没有文化大咖,因为周礼统治着成周洛邑的一言一行,周礼也限制了人们的想象力,没有想象力就没有文化生根发芽的土壤,这里最多出产的就是政客和礼学大师。

在周襄王时代,就有这么一位举足轻重的礼学大师,史称富辰,官拜周大夫。此人从周礼的角度说服了周襄王,让周襄王从齐国接回了正在政治避难的王子带。王子带既是周襄王的同父异母弟,也是周襄王的政治对手,曾经造反,最后流落齐国。

富辰的理论依据是:兄弟阋于墙,而外御其侮。周天子自家兄弟都不和,怎么有脸要求诸侯臣服?这个道理,从古至今,无论放在天上还是地下讲,都是硬道理。于是,为了照顾周王室的脸面，周襄王被迫接受，泓水之战那一年，王子带顺利回国。

周襄王念及兄弟情分，王子带可没这么想：王侯之家哪有那个玩意，我妈和你妈天生是情敌，我和你天生就是死敌。

所以，接下来的事情才狗血。

两年后，周襄王耍了一回大牌，结果耍砸了。

郑国和卫国、滑国干上架了。其实这很正常，这年月不干架才不正常，但是，周襄王非要拉架。其他大咖们掐架，周天子一个都不敢管，不是不想管，而是实力不允许。这次的当事人郑、卫、滑三国，国力太弱，周襄王自认为可以摆平，谁知道郑文公又想起了几十年前自己老爸和周襄王老爸的那点陈年旧事。当年郑厉公在五大夫之乱时救助了周惠王，结果周惠王赏赐不均，使得郑国颜面尽失，这个梁子结下了。所以，这次郑文公不给周襄王面子，而且把周襄王派来调停的两位钦差大臣抓了起来。

顺便介绍一下滑国，三等伯爵，史料很少，甚至有点乱。豫北的滑县因它而得名，豫西的洛阳市偃师区府店镇滑城河村有一个滑城遗址，杜预注解的滑国位于豫东的睢县西北，这三个地方几乎形成了一个等边三角形。根据历史事件推断，滑国应该建国在滑县，鼎盛时期在睢县，亡国在偃师。

郑、卫、滑都是姬姓子孙，周襄王是姬姓中的老大，本想要个大牌，结果让郑国打了脸。为了找回面子，周襄王决定教训一下郑国，可是打又打不过，自从繻葛大战后，周王朝的战斗力就一落千丈，没办法，只能找人帮忙。周襄王竟然找的是狄人，狄人在华夏民族眼里就是敌人。

礼学大师富辰再一次劝诫周老板，还是那套理论：兄弟阋于墙，而外御其侮。找狄人修理姬姓子孙，相当于警察局雇用了一帮小偷来维持治安。

这次周老板硬气了一回：照打不误，周天子的面子压倒一切。

狄人果然没让周襄王失望，占领了郑国的别都栎地，这是曾经郑厉公发家的根据地，也是当年周襄王躲避五大夫之乱的陪都。但是狄人可没有做好事的习惯，也没有孝敬周天子的义务，周襄王无以回报，最后只能以身相许，和狄人来了一场政治联姻，做了一回狄人女婿，而且奉狄女为后。

礼学大师富辰又一次竭力劝诫周老板："狄固贪惏，王又启之，女德无极，妇怨无终，狄必为患。"这一次富辰将狄人比作野猪豺狼，贪得无厌。周天子娶了狄女为后，那就是引狼入室。关键是狄女为后，生下的孩子就是下一任周天子，那以后华夏诸侯谁还会再认周天子？

这次周襄王又不听劝。

狄女娶回来了，可是周襄王也老了，狄女从小缺失礼仪教化,直接与王子带私通,史称王子带盗嫂。其实此事并非偶然,王子带早就怀有篡位之心。别人篡位,都从刀枪入手,因为枪杆子里出政权,而王子带篡位则先从君主的身边人入手,这就注定这哥们死得很惨。周襄王一气之下,废了狄女。一般情况下,各朝各代只要敢背叛皇帝的王后,废黜指的是要么杀了,要么抓了,可是这次周襄王只是办理了离婚手续,狄女还是狄女,王子带还是王子带。

但是狄人怒了:你们兄弟阋墙,我们管不着,我们明明嫁出去的是王后,怎么就变成了民女?

王子带借机与狄人走到了一起,里应外合,攻击王城。周襄王这次又出奇地大度,摆出一副大哥风范,为了不伤及王子带,周襄王下令放弃抵抗,出城避难,风波稍息,又回到王城。

周襄王本以为王子带得了狄女回心转意,谁知道王子带和狄人一样贪得无厌。关键时刻,曾经受周襄王之命,伙同狄人修理郑国的周大夫颓叔和桃子,双双反水,做了叛徒,加入王子带和狄人阵营,对王城展开了秋季大攻势。

周襄王这才明白,王子带不只要盗嫂,也要王的命,可惜已经晚了。狄人向来擅长充当雇佣军,战斗力强悍。成周八师自打东周开张营业以来,已经沦落到仅限于看家护院的水平。结果不出意料,周襄王大败,还搭上了以周公忌父为首的几位重臣，主张王子带回归的礼学大师富辰也在其中，只不过他的结局更惨，别人被俘，他是被杀。

周襄王跑到了郑国，王子带也带着狄女，撤退到了黄河以北的温地，和周襄王跨河对峙。

4.晋文公请隧

郑文公也相当大度,不计前嫌,好吃好喝伺候着这位周天子。郑文公并非单纯尽义务,也是做了一笔风投,像周天子这种概念股,长期持有,稳赚不赔。但是周襄王等不及了,哪有蜂王长期待在马蜂窝里的道理?比起王子带,正牌的周天子有一个压倒性优势,那就是,名正言顺可以堂而皇之四处招人,勤王救驾。

周襄王招人,首先想到的是秦国和晋国。秦、晋虽为偏侯,但是国力日趋强大,地位举足轻重,常年备战,对狄斗争经验丰富。而郑、卫、齐、鲁虽是老牌中原列强,但不是被人修理,就是自己人修理自己人。郑国和宋国也被楚国碾压得喘不过气。

秦国的态度很积极,勤王救驾是秦国自古以来参与中原政治的最有效途径,没有平王东迁、勤王救驾,就没有秦人立国。所以秦穆公老早就带领军队驻扎在黄河岸边,准备护送周襄王打回王城。从秦军的军事意图判断,秦军应该没有跨过黄河,这就是晋文公和秦穆公的区别。

关于勤不勤王,晋国朝野政见不一,毕竟重耳政权建立不到一年，百废待兴，弄不好会后院起火。重耳五贤力排众议，坚持勤王救驾，《左传》中记的是狐偃，《史记》中记的是赵衰：

狐偃认为，"求诸侯，莫如勤王"，勤王影响大，号召力强。

赵衰认为，秦人是外姓，周天子和晋国都姓姬，不能让一个外姓秦人抢了先。

最后，关于勤不勤王，还是当朝卜了一卦，说明当时的晋文公的确顾虑重重，心里七上八下。好在卦辞为吉，重耳当机立断：这一票老子干定了。

于是，晋军依黄河顺流而下，晋文公先和秦穆公汇合：杀鸡焉用宰牛刀，长辈让晚辈，先进让后进，这笔小生意您还是让给晋国吧。

秦穆公继续发扬秦晋之好的光荣传统，慷慨让贤，主动退出，所以说没有秦穆公就没有晋文公。重耳千恩万谢，继续挥师东进，左翼军队迎接周襄王，右翼军队包围温地。

这里多事一下。

晋国军队此时还是沿袭晋献公的扩军模式，分为上下两军，既然《左传》在此记录为左翼和右翼，而不是上军和下军，说明晋军没有倾巢而出，而是把一支部队分为左右两翼。那么，包围黄河以北温地的应该是左军，前往黄河以南迎接周襄王的应该是右军。好比你用左手打别人的右脸,用右手打别人的左脸,到底是《左传》记录有误,还是晋文公用了疑兵之计,迂回作战?很难搞清楚,历史的问题越疑越神秘。

晋军进展顺利,三月包围温地,四月周襄王回到王城。

王子带被活捉,等候周天子发落。周襄王这次毫不留情,命令晋文公将王子带就地正法,《左传》录:"取大叔于温,杀之于隰城。"隰城,位于现在黄河以北河南武陟县。

接下来的事,直接导致周襄王虽然善终,但不善葬。

周襄王夺回王位,少不了设宴摆酒、答谢功臣,核心就是晋文公。

周襄王这次对晋文公的招待档次,超过了当年周平王招待晋文侯。晋文侯也是勤王东迁,又帮周平王杀了政敌周携王,那时周天子还威风八面,只是象征性地赏了几支弓箭,嘉奖了一纸表扬信《文侯之命》,就足以让晋国光宗耀祖,感激涕零。可是时过境迁,此时的周天子就是光杆司令一个,如果再玩虚的,估计交代不过去。于是,当场赐给了晋文公一项特权,允许重耳向自己敬酒,这叫推杯换盏。周天子向来自我神化,高人一等,不可能和普通人平等对饮,诸侯方伯也不行。简单查了一下东周史,周惠王也曾经给了晋献公这种酒场最高待遇。

重耳充分享受了这项特权,频频举杯,越喝越高,趁着酒兴向周襄王提出了一项无理要求,希望死后墓葬能享受周天子待遇，史称晋文公请隧。隧即隧礼，周天子墓道以木板盖顶，称之为隧。诸侯之墓无隧，称之为羡。

周襄王当时一口拒绝，态度坚决。

其一，你想改朝换代，我愿流放他乡，但要厚葬如天子，休想。《国语》录："叔父若能光裕大德，更姓改物，以创制天下……余一人其流辟旅于裔土，何辞之有与？"

其二，地是晋国的，墓是你的，隧不隧由你，你自己看着办吧。《国语》录："若不然，叔父有地而隧焉，余安能知之？"

周襄王一生命运多舛，从小就忍气吞声，生活在王子带的阴影之下，跌跌撞撞当上了周天子，任期内又被王子带两次叛乱，就差搭上一条小命。本想着自己到了阴曹地府还能享受周天子的特权，谁承想晋文公又想和自己共享。

孔子曰："唯器与名，不可以假人……若以假人，与人政也。"所以周襄王硬气了一回，再让下去，恐怕就只剩寡人了。

但是，周襄王也知道，不让狼吃羊，饿极了就可能吃自己，于是就把阳樊、温、原、攒茅之田，赐予晋国。

阳樊，现在的河南济源市西南，前身为从山西关中搬迁过来的樊国，原本是跟着平王东迁的步伐来的，结果混成了灭国灭祀。樊国历史乏善可陈，但和现代樊姓华人息息相关。樊国的历史告诉世人，好儿女志在四方，但千万不要跟着尿人混世界。

温，即河南温县，妲己故里，狐偃之子狐溱封邑。

原，在河南济源市境内，晋文公封给赵衰，成为赵氏故里。

攒茅，在河南辉县境内。

对照一下历史，此处有点诡异，这四个地方原来都在郑庄公时期周郑易田的交易范围内，最初属于苏国的国土，后来让周桓王一挥手划给了郑国，但是郑国一直吃不下，原因是当地人奋勇反抗，不接受郑国领导。看来，将近一个世纪过去了，郑国还是没吃下这些地方。这个地区因为在黄河以北，太行山之南，河之北谓阳，所以就有了一个历史称谓：南阳。三百多年以后秦初时期，在伏牛山之南，汉水以北，出现了另外一个南阳，也就是现在的河南省南阳市，黄河北岸的南阳称谓才逐渐退出历史舞台。

《左传》僖公二十五年录："晋于是始启南阳。"

从此，晋国开始经营这片南阳地区，周天子的领地又少了一大片，周天子赖以生存的纳税人也少了一大片。周襄王于襄王三十二年驾崩，儿子周顷王立，可是王室财政入不敷出，捉襟见肘，周顷王无力以天子隧礼葬父，只能求助于嫡系诸侯鲁国相助，从此，周王室算是走上了末代贵族的乞讨之路。周顷王谥号"顷"，有社稷倾覆之意，可想而知，此时的周天子混成了什么熊样。

第十四章

城濮会战

1. 四雄并起

农耕文明时期，谁占据着河谷平原，拥有车马钱粮，谁就可能称王称霸。春秋中期，秦国控制着关中渭河平原，晋国坐享汾河谷地，中国三大平原中，齐国在华北平原独大，楚国是中国长江中下游平原的开拓者，此时的东北平原还未开发，因此，齐桓公死后，秦、晋、齐、楚同时崛起，四雄并列。

秦国虽然强大，但秦穆公却放弃了勤王救驾的大好机遇，说明秦国还没有称霸中原的野心。春秋时期，谁背靠周天子，谁就掌控了舆论主动权。

齐国此时陷入五子夺嫡的内乱时期，虽无心争霸，但饿死的骆驼比马大。

楚国觊觎中原由来已久，经过长期经营，几乎继承了除宋国之外的所有齐桓公的阵营，称霸在即。

晋文公的上位终结了楚成王称霸中原的梦想，因为晋国除了经营汾河谷地，还占据了黄河北岸的南阳之地，并且假虞伐虢之后，晋国还控制着黄河三大渡口之一的茅津渡口。晋国的地形就像一只簸箕，北枕高原，西有黄河和吕梁山脉，东有太行山，只有南边开阔通衢，犹如簸箕的出口，南下中原、开疆拓土是晋国发展的唯一途径。

所以，晋国和楚国杠上了，而且一杠就是一个世纪。春秋中期的华夏大地，主旋律就是晋楚争霸赛，其他中原列国只是这场赛事中的一枚枚棋子。

首先被当作棋子的，是一个弱不禁风的小国——鄀（ruò）国。鄀国虽然史料甚少，但历史久远，盛于商周时期，允姓国族，源于若水，故称鄀国。不知道是出于西周王室"封建亲戚，以藩屏周"的需要，还是被流落发配，鄀国追随江汉诸姬迁徙到了汉江流域。按照郭沫若的说法，鄀国又分为上鄀和下鄀。总之，众说纷纭。但学术界多认为湖北之鄀为上鄀，河南之鄀为下鄀。河南之鄀也称商密之鄀，在现在的河南淅川西南。

四强争霸赛中商密之鄀之所以第一个中枪，杜预的一句注解说出了缘由："鄀本在商密，秦、楚界上小国。"这说明，第一，鄀国国小势单；第二，游离于秦、楚之间；第三，秦国势力已经延伸至楚国的丹阳，秦楚之间开始碰瓷。

从现在出土的鄀国青铜器可以看出，早期遵从姬周，晚期跟随楚风，说明鄀国发展后期倒向了楚国，这就惹怒了秦国。僖公二十五年，也就是晋文公勤王救驾那一年秋季，秦国拉上晋国，准备一起修理鄀国。晋国虽然此时还未和楚国公开叫板，但秦穆公召唤，此时的晋文公不可能不帮忙，重耳的确欠这位老丈人的人情太多了。此次晋国只是助攻，发挥犄角之势。

同时，楚国也收到秦、晋伐鄀的消息，派出了楚军中的精锐——申、息之师，而且是现任申公斗克、息公屈御寇率军。斗克是斗班之子，是当时斗氏家族的三号人物，令尹子文和令尹子玉的堂兄弟；屈御寇是屈瑕后裔、屈原先祖。

秦兵摸黑先到鄀城，并不急于攻城，而是给城头眺望的鄀国军民们排演了一场大戏：装扮成战败被俘的楚军，和秦军歃血同盟。看到秦、楚军队大联欢，鄀国军民傻眼了。原本寄希望楚、鄀联盟二打一对付秦兵，现在成了秦、楚联盟二打一收拾鄀国。既然已经是别人砧板上的肉，不如主动跳锅，省得再多挨上一刀。

于是，鄀国主动投降了。

鄀国投降之后才发现上当了，可惜为时已晚，已经是别人锅里的肉了，煎炒烹炸任由别人。此时的楚军还蒙在鼓里，于是秦兵继续用鄀国做诱饵，伏击申、息之师，申公斗克和息公屈御寇等人做了俘虏。

秦人用兵又开辟了春秋时期的先河：兵不厌诈。这事要放在西周时期，鄀国完全可以上诉周天子，典型的礼崩乐坏案例。可是现在周襄王是泥菩萨过河，自身难保，连正常周天子待遇也不能享有。

不管有理没理，赢了就是硬道理。

秦人多诈，是因为受周礼熏陶太少。

这是秦楚之间的第一次军事冲突，虽然秦国大胜，但收益最多的却是晋国。由于秦国对着楚国后腰捅刀子，楚成王在对晋作战上犹豫不决，没有做到全力以赴，才使得城濮大战，楚国一败失中原。

秦楚之战的余波，首先是主持国务的令尹子玉咽不下这口气，亲自率兵追击。可惜秦兵走远，为了挣回面子，楚军修理了一通陈国，这才回国交差。

其次，斗克被秦国当作筹码长期关押，直到崤之战秦晋之好破裂，斗克才被起用，作为友好大使，促成秦楚媾和。斗克自认功高而薄用，起兵叛乱，造反不成反被杀。

最后是鄀国的命运被改写。商密之鄀不堪秦国欺凌，迁至今天的湖北宜城东南，留下了一个古鄀县的文化遗产。上下鄀国最终都被楚国灭国灭祀。打败你的是敌人，但往往灭你的是你身后的大哥。

2.晋立三军

当一个帮会没有老大,小弟会群起掐架,直到掐出下一任老大为止,古往今来,都是如此。

齐桓公死后的中原列强就是如此,先是宋襄公为了老大之位领头掐,结果让楚国掐灭了,抑郁而死。楚成王接着掐,但中原列强对南蛮楚风认同感不强,楚国德不配位,也就一直上不了霸主之位。

许久分不出胜负,因此还得继续掐架。

首先,齐国和鲁国掐起来了,事因鲁僖公也想自立门户,接二连三和卫国、莒国搞会盟,齐国被惹毛了。当政的齐孝公接二连三出兵修理鲁国。卫国也掺和进来了,当政的卫成公,似乎忘记了老爸卫文公和齐桓公在存邢救卫战争中建立起来的革命友谊,反过来帮着鲁国打齐国。但是齐国仰仗齐桓公称霸留下的家底,鲁、卫不是对手,于是,楚国也掺和进来了,受鲁国之邀积极参战。

齐国也有自己的铁杆粉丝,就是宋国,泓水之战和楚国结下了梁子,自然就和齐国组成了统一战线,共同对付楚国,因此,宋国和楚国也掐起来了。

楚国不愧是未遂霸主,三线作战,三线告捷。

令尹子玉率兵伐宋,鲁僖公领着楚国雇佣军攻齐,齐、宋虽然都是老牌强国,依然被楚国打败。《春秋》录:"楚人伐宋,围缗。公以楚师伐齐,取榖。"

榖即春秋齐国谷邑,今天的山东东阿。

楚军还在屈原故里作战,同样凯旋,灭掉了同门兄弟夔国。夔国位于今天的湖北秭归县,是楚国的开国君主熊绎的后代熊挚的封国,所以和楚国同宗同门。夔国的建立原本是一个悲剧,熊挚天生残疾,所以失去了继承权,只能委曲求全,寄身夔国。但在芈姓诸侯中夔国地位很低,传到了最后一位国君夔子手里,干脆放弃祭祀楚国先祖。楚国以此作为借口,灭了夔国。

此时的楚国到底有多强,果如童书业老先生所说:"从楚者盖有鲁、卫、莒、曹、陈、蔡、郑、许等国。"中原列强三分之二跟着楚国混世界,只有齐国和宋国苦苦支撑。楚军虽然已经从齐国撤军,但又在齐孝公政权中心开花,策反齐桓公留下的七个庶子,叛逃归楚,宋国依然在楚军的围困之中,而且这次令尹子玉带领的是诸侯联军。

宋国要解围,只有一条路,求助晋国,联合秦、齐。

宋成公派出大臣公孙固入晋告急。晋文公明白,如果宋国落在楚国手里,整个中原也就投到了楚国麾下,那么楚成王就是齐桓公之后的继任霸主，自己只能做个老二。

"报施救患，取威定霸。"重耳五贤之一的先轸一句话醍醐灌顶：老大，出兵救宋，不但还了宋襄公当年的人情，而且在中原树立威信，可以称霸诸侯。

宋襄公曾经厚赠重耳车马，楚成王也曾经礼遇过重耳，现在宋和楚互殴，晋国伸手参战，直接帮着宋国打楚国，好像有点不仗义。但是，雄才大略之人，哪还有仗义那玩意，只不过也要注意影响。楚成王戎马一生，在位四十六年，征战中原半个世纪，最终不能称霸，主要是德不配位。仁德是中原列强普遍认同的价值观，虽然这玩意不能当饭吃，但这玩意就是春秋时期的政坛流行曲，嘴里不唱这支曲子，你就登不上春秋霸主那张台。

狐偃不愧是只老狐狸，献上了围魏救赵之计，春秋时期对于这条计策的使用频率远超战国，而且屡试不爽。

曹国刚刚认了楚国做大哥，卫国也刚刚和楚国认了儿女亲家，只要晋国捏痛了这两个软柿子，楚国肯定出兵相救，可解宋患。

于是，晋国开始专心备战、精心策划，晋文公四年，晋作三军。这里先回顾一下晋国建军史：

公元前678年，晋武公临终，周天子限定晋国只能设立一军，作为交换条件批准晋武公转正，曲沃代翼合法化，一军约为一万二千五百人左右；晋献公十六年，晋国擅自扩军，设立上、下二军，晋献公率领上军，太子申生率领下军。晋文公时代，更不用周天子批准，自立上、中、下三军，以后晋国最高峰时设立六军。

史书记载中，有关晋文公扩军颇为详细：

中军最强，主帅郤縠，副帅郤溱，第二年郤縠卒，先轸为主帅；上军主帅狐偃，副帅弟弟狐毛；下军主帅栾枝，副帅先轸，后为胥臣；

晋国三军的六位主、副帅可以按照"长逝次补"原则世袭罔替，最后出将入相，逐渐发展成为著名的晋国六卿，实操国政，直至三家分晋。

3.伐曹侵卫

公元前632年，也就是鲁僖公二十八年，晋文公五年春季，晋国发动了有史以来最大的一次军事行动，三军出动，目标直指曹国。

曹共公当年偷窥重耳洗澡，只为猎奇，结果曹国此次成了第一个牺牲品。但是伐曹需要经卫，于是晋国向卫国借道，卫国知道晋国曾假虞灭虢，爱耍顺手牵羊的把戏，而且曹、卫现在是一根绳上的蚂蚱，所以拒绝借道。

晋国也不纠缠，绕道而行，兵分两路，一路伐曹，一路攻卫。卫国当政的是卫文公之子卫成公，这位仁兄在历史上的能力和人品都是差评，和晋军对抗，一碰就碎。晋军很快就占领了五鹿，这是当年重耳被乡野村夫用土坷垃戏弄的地方，晋文公可算出了一口气：老子又回来了，而且还不走了。

晋文公也不忘当年流亡齐国的礼遇之情，当然还有给自己励志四方的齐姜夫人，攻卫之隙和齐国搞起了会盟，这是在对外宣布：齐国和晋国现在是统一战线。卫成公此时又表现得非常积极，请求加入会盟，结果狠遭打脸，晋国不同意。这在春秋会盟史上比较罕见，记忆中只有郑国被齐桓公拒绝过，会盟那可是提着国家的脸面上门示好，有理不打上门客。卫成公感觉被羞辱了：既然你不给我机会，你不仁我不义，干脆公开声明，要和楚国成立统一战线。可是，这次卫国人民不同意了，铁了心要和晋国人民在一起，因为晋文公德正施仁，远近闻名，正所谓华夏文明看春秋，春秋大义看晋国，晋国仁爱看重耳。于是，卫成公被卫国人民赶出卫国，跑到宋国边邑襄牛寻求政治避难。

襄牛，春秋宋地，位于现在的河南睢县境内。

另一边，曹国没有想象中那么厌，军民团结，誓死抵抗。为了一表决心，曹国将晋军战死尸体摆在城头陈列示众，晋军也以牙还牙，移师夜宿在曹国的坟地里。

啥意思？就是你敢对我军死者不敬，我就敢刨你家祖坟。

曹国真怕了，算你狠，于是乖乖地把晋军尸体收殓入棺，将棺材一一抬出，交还晋军。经过一番心理素质较量，曹国军民斗志崩溃，晋军破城。重耳这时惦记起了僖负羁，人在低谷被人欺，春风拂面都是恩，何况僖负羁夫妇赠饭献玉。于是，晋文公下令：僖负羁宅院，禁止入内；僖负羁族人，赦免无罪。

偏偏有两个二货：魏犨和颠颉。魏犨就是魏武子，魏国先祖，重耳五贤之一；颠颉也是跟随重耳流浪天涯的难兄难弟。这二人对此禁令极度不满：老子跟着你出生入死，你为了一顿闲饭献殷勤。于是拒不执行，而且围攻僖宅，将其一把火烧光。晋文公大怒,这分明想让天下人耻笑寡人,以后还怎么当霸主!

晋文公准备要了这两个人的命,借此让世人知道我晋文公知恩图报、令行禁止。但这时,晋文公听说魏犨胸部受伤,或许朝不保夕,晋文公差人先去魏犨处查看虚实,如果魏犨生命危急,好歹都是个死,不如提前送他上路,还能起到宣传警示作用;如果身板健康,留住小命,也许日后可用。

魏犨好像知道晋文公的用意,强行用布料裹住胸部伤口,当着来人"距跃三百,曲踊三百"。距跃就是立定跳远,曲踊就是原地起跳。晋文公觉得他还可以继续打仗,于是免去魏犨死罪,颠颉则被正法。人和人虽然做着同样的事,但命不同。如果魏犨被杀,就没有以后的魏国称雄了。

看到这里,人们不禁感叹,历史演绎中君臣关系就是利用关系,小人物就是大人物手中的一枚棋子,有用了留着,一旦没用,都是弃子。即使晋文公雄才大略,那也得大道藏奸。政治达人,做人做事,只看疗效,不管啥药。

虽然晋文公伐曹侵卫,但是却没有收到当初设想的疗效,楚军继续围宋,这种围魏救赵的把戏,楚成王已经熟练运用,所以不会上当。但是,为了安抚盟友,楚国责成鲁国施救卫国,鲁僖公派遣儿子公子买率兵前往,结果救援无效,既得罪了晋国,又无法向楚国交代。可怜的鲁僖公只能使出苦肉计,杀了公子买，既向晋国谢罪，又向楚国赔笑：这小子办事不力，辜负了楚王一片信任。

堂堂一个嫡系老牌诸侯国，要靠杀自己的亲生儿子来讨好晋、楚，足以说明晋文公和楚成王的江湖地位。还有一点可能性，就是鲁僖公的儿子太多了，少了一个不算少。总之，比起魏犨和颠颉，公子买太不幸了。

4.连环计

既然楚国不上当,晋文公只能硬着头皮跟楚国死磕了。再玩迂回战术,估计宋国就要发表绝交公告了,真到那时候,连宋国恐怕也要跟着楚国混世界去了。但是,晋文公又担心,盟友齐国和秦国玩太极,隔岸观火不出兵。

先轸此时已经接替死去的郤縠,当上了中军主帅。中军是三军的核心,主帅享受正卿待遇,其他上、下两军主帅享受副卿待遇。最有发言权的先轸献上了一计:离间计,而且还是连环计。

第一环,先让宋国单独以自己的名义向秦国和齐国行贿,托付两国大佬请求楚成王高抬贵手,放过宋国。

第二环,曹、卫现在已经变成晋国的殖民地,任人摆弄,晋国可以把曹、卫的土地送给宋国,这叫抱别人家的孩子套别人家门口的狼。晋国没风险,宋国肯定对晋国大恩不言谢:哥,还是你仗义。

第三环,曹、卫两国肯定要找楚国帮忙。秦、齐两国也要找楚国,劝楚国从宋国撤军。楚国将会对秦国和齐国表态:一点诚意都没有,宋国瓜分我两个兄弟的土地,还想让我放他一马,你们到底是说客还是捐客?

第四环,秦国和齐国肯定没面子,要想找面子就得找我们。《左传》录:"喜赂怒顽,能无战乎?"秦、齐拿了宋国好处,又迁怒于楚国不给面子,能不加入晋国战队吗?

事情的发展果如先轸所料,楚、宋、齐、秦都被套路了。

还有关键的第五环,狐偃加料,上了激将法,统战了曹、卫,激怒了子玉。事因令尹子玉派出了说客——楚大夫宛春。这是春秋时期难得的好名字,只可惜男人女名。宛春向晋国方面传达了楚军要求:恢复曹、卫,作为条件,楚国从宋国撤军。晋文公依狐偃之计,扣押了宛春。既然扣押了说客,说明谈判破裂,但是晋文公暗地里又恢复曹、卫——大家都是姬姓诸侯,兄弟阋于墙,而外御其侮,只要你俩发表个公开声明:叛楚不归晋,保持中立,然后你们哥俩马照跑、舞照跳。

就这样,晋文公按照对手的要求做了,但好处自己拿了。这事没完,宛春还在晋文公手里,这次不是用来做筹码,而是用来挑逗子玉:要不你咽下这口气,乖乖撤军;要不就打架,决一雌雄。

令尹子玉被逗火了,于是大战在即,晋、宋、齐、秦统一战线对阵楚、陈、蔡、郑、许阵营,春秋以来最多国家参与的大战爆发了。只有曹、卫保持沉默:你们搞,我中立。

但是,楚成王犯了一个严重错误:左右摇摆,君臣不和。

楚成王认为令尹子玉的气场根本没法和晋文公比，重耳流浪江湖十九年，过的桥比子玉走的路多，啥苦没吃过？啥人没见过？啥路没走过？啥事没经过？最后，楚成王引用《军志》语录，特别强调："允当则归""知难而退""有德不可敌"。

《军志》是中国最早的一部军事著作，现已失传，估计也就剩下这几句话流传于世，"允当则归"后来被孔子演绎成了成语"适可而止"，这要感谢左丘明的《左传》。如果要比哪一部文献古籍创造的成语最多，肯定当数《左传》。只成语一项文化传承，《左传》就影响了中国二千五百多年，没有哪一个中国人能避开《左传》成语，除非你一点都不懂中文。

这句成语也进一步把子玉的火逗旺了，他没有选择知难而退，而是选择了知难而进，并且他回怼了老板：不求有功，但求堵住小人之口。意思很明显，楚成王或者听信了小人谗言，或者楚成王就是小人。背后还有一句话：要是你当初听了老子的话，杀了重耳，哪会到今天这个地步。

就这样，子玉得罪了老板，后果很严重。楚成王只给了六卒战车随子玉出征，一卒战车三十乘，总共一百八十乘，而《左传》记录晋文公一方拥有战车七百乘，历史公认城濮之战是以少胜多的典型案例，那么楚军战车至少应该在千乘之上，所以可以肯定，子玉调动了陈、蔡、郑、许等大量盟军，基本上是一支杂牌军，战斗力大大减弱。

《左传》特别强调,子玉请战之后,楚成王搬到了申县,并且撤回了刚刚占领齐国穀地的驻军。这波神操作,透露出楚成王好像已经感到了情况不妙,巩固边境,加强防守。

5.退避三舍

战争无非是政治通过另一种手段的继续。这是西方军事圣典《战争论》中的核心观点，同样也诠释了令尹子玉的失败。子玉请战完全出自个人意气用事，此时的楚、晋之争，实质上就是中原礼教和荆楚蛮夷的较量，楚成王用了一句"有德不可敌"，说明了德礼教化还是当时的政治方向，楚成王已经对此低头，唯独子玉反其道而行之，刚愎自用。

但是，即使这时候，子玉还有风光着陆、全身而退的机会。《左传》录："子玉怒，从晋师，晋师退。"子玉怒退晋军，而且是退避三舍，三十里为一舍，晋军后退九十里，撤到城濮地界，这是当年晋文公对楚成王礼遇的郑重承诺。而且《司马法》中约定："逐奔不过百步，纵绥不过三舍。"这时候，令尹子玉完全可以按照老板"允当则归"的嘱咐，适可而止，及时收兵，那么子玉既保全了面子，又保全了里子，这次楚、晋争雄，楚国还是占据了上风，以后中原列强对楚国还是马首是瞻。

但是，《左传》录："楚众欲止，子玉不可。"这两句都很要命，第一句说明楚军厌战，第二句说明子玉一意孤行。

子玉要和老板赌气，如果小胜则安、适可而止，就是遂了楚成王所愿，那他就是赌输了，因此，这事没完，子玉要再接再厉，大获全胜，让老板知道能打胜仗才是硬道理。

一般来说，臣下和君王赌气，那赌上的就是命。

大战在即，山雨欲来风满楼，晋文公和令尹子玉先在梦境中博弈了一把。

晋文公焦虑惶恐，做了一场噩梦，梦见楚成王伏在自己身上吸食脑髓。昼有所思，夜有所梦，说明面对楚成王，晋文公心中有愧，梦里犯厌。东汉王符在其《潜夫论·梦列》也认为这是噩梦一场："梦楚子伏己而盬其脑，是大恶也。"梦醒之后，晋文公心生犹豫，如果战败，岂止他的脑髓，晋国大夫以上的脑髓，楚成王可以随便吸。但是当政的二号首长狐偃这样释梦："吉。我得天，楚伏其罪，吾且柔之矣。"

老大，你梦得太好了，大吉大利。你仰得天，楚伏认罪，脑髓绵柔，代表你以怀柔之德善待楚国。

真是太有才了。这要是大吉大利，谁都盼着被老虎吃，摔跤比赛的胜负规则都要改。

估计狐偃自己都觉得他说的是瞎话，但心里清楚，老板犯厌了，打鸡血才是重点："战也，战而捷，必得诸侯。若其不捷，表里山河，必无害也。"一战定乾坤，赢了，你就是盟主；输了，我们还有山可御、河可守。

这里又创造了一个中国成语：表里山河。

令尹子玉也做了一个梦：遇河神而不祭。子玉梦里的河神是黄河之神，这位河神先生愿意拿"孟诸之麋"来交换子玉的"琼弁玉缨"。

这里的孟诸之麋暗指的是宋国的孟诸之地，至于琼弁玉缨是什么，现在很难说清楚，只知道是金镶玉级别的马饰品。梦里的子玉也重现了人间的骄傲自大：不换。并且子玉夜有所梦，昼有所说，把梦里自己的硬气作风讲给同僚。同僚一听感觉不妙，河神这是在托梦提醒眼前的这位仁兄不要忘了入乡随俗，祭拜河神：老大，速将你的"琼弁玉缨"抛进黄河，用来祭拜河神。

子玉拒绝了，理由也很充分：楚人祭黄河，没有这个先例，再说，祭祀河神那是君王的职责，什么时候轮到我了。

的确，楚人祭祀的是江汉诸河，而不祭黄河，对于楚人来说黄河就是别人田里的水，没必要操心。《左传·哀公六年》记载了楚昭王对于祭祀黄河的态度："三代命祀，祭不越望。江、汉、睢、漳，楚之望也。祸福之至，不是过也。不穀虽不德，河非所获罪也。"

说到底，子玉舍不得他那金镶玉的玩意。人啊，舍不得就得不到，所以才出大事了。

梦里PK本身就是一件很扯淡的事，但它却对现实产生了影响：子玉在黄河之神面前赢得了楚人的面子，也留住了自己的金镶玉，但上下异心，再失军心；晋文公得到的则是君臣同心，同仇敌忾。

天时不如地利，地利不如人和，晋文公占据了人和。

6.城濮会战

之所以改称会战，因为参战各方众多，可能是春秋之最。

杜预注：城濮，卫地。通常认为位于今天的山东鄄城县西南；杨伯峻认为在今山东省旧濮县南七十里临濮城；陈可畏总结前人观点，认为城濮"在陶丘西北九十里，濮水之南，其地当在今山东东明县东部"。从《左传》描述"晋侯登有莘之虚以观师"和"晋师陈于莘北"的历史场景来断定，城濮战场最起码应该靠近莘国，这里的莘国指的是东莘国，也就是现在的山东曹县西北莘家集一带，因此，陈可畏的观点比较靠谱。

当年四月，城濮之战拉开序幕。

子玉率领的是斗家军，左路军主帅斗宜申，右路军主帅斗勃，雇佣兵团陈、蔡、郑、许应该少不了，否则子玉哪里来的底气，但《左传》中只提到了陈国和蔡国。晋文公阵营站位清晰，《左传》明确记载宋成公到场，秦国和齐国也派兵派将，有名有姓，说明不是来打酱油的。

城濮之战的开幕式，采取的是三军对垒传统方式，楚军左、中、右三军，对阵晋军上、中、下三军。开幕式上，子玉夸下海口："今日必无晋矣"，等于告诉晋军，如果尔等输了，就要亡国亡种，这不就是在帮着晋文公做战前总动员？在战场上，只有傻白甜才干这种事。而此时的晋文公和宋成公，正在东莘国一处废墟高台的嘉宾席上观摩战况，两位大佬之所以没有下场，是因为级别身份不对等，赛场上，教练对教练，球员对球员。

但是，晋军一开始就给楚军挖了一个坑。

按照常规打法，三军对垒应该是双方最硬核的中军对中军，其他两军捉对厮杀。中军的标志就是主帅所在处树立两面战旗，称之为二旆（pèi）。但是，晋军的中军并不在上、下两军中间，而是伪装成了上军，对垒在楚军的左前方。这样的话，晋军的中、上、下军——对阵的是楚军的左、中、右军。

战争一开始，晋军又给对方玩了一把三十六计中不曾有、近现代战争玩不起的战法：马质虎皮。现代人类只玩纸老虎，玩不起马老虎。这套把戏在乘丘之战中已经用过，这次是故技重演，这次主演是晋军下军副帅胥臣。胥臣率领一队战车，战马蒙上虎皮，直冲楚右军。楚右军的主要构成为陈、蔡雇佣军，"软、菜、弱、小"是陈、蔡佣兵一贯作风，当年在繻葛大战中，周桓王就是让这群猪队友给坑苦了。繻葛大战中，是人赶着马逃，这次是马拉着人逃，陈、蔡战马被这群马老虎吓蒙了，拖车溃逃。

楚右军乱做鸟兽状。晋下军又派出两支前队，追随马老虎

楚军战马被假老虎吓得拖车溃逃

车队,乘胜追击,一举击溃楚右军。

右军溃败,子玉恼羞成怒,"怒"已经成为令尹子玉的座右铭。在《左传》中,子玉每次出场都要怒,这次是子玉人生最后一怒,肯定要全力以赴找回面子,必须击败晋中军,才有取胜的可能。于是指挥楚左军打先锋,中军紧随,全线碾压晋中军。

子玉中计了,诱敌深入才是城濮之战的核心环节。子玉攻击的晋中军,实际上是晋上军扮演的,晋军一碰即溃,晋上军的副主帅狐毛拖着两杆帅旗仓皇撤退,《左传》录:"狐毛设二旆而退之。"

晋下军主帅栾枝终于出场了,原来他也在假扮中军角色,为了这场溃败大戏更加逼真好看,栾枝车队拖着树枝在后场狂奔,扬起尘沙滚滚,装作人喊马嘶。

楚军一看机会来了,晋国中军不扛揍,简直就是纸老虎,一捅就破,于是长驱直入,争先恐后抢功劳。等到楚军钻进口袋,扮演晋上军的真正晋中军出手了,主帅先轸领兵拦腰斩断楚军,假装溃逃的晋军突然改杀回马枪。这样,楚国左军被包了饺子,中军被挡在了圈外,右军溃逃了。

挡住楚国中军的是晋国中军,两个都是中军。楚中军的核心是楚成王派来的若敖六卒战车,晋中军的精锐来自晋国公族,现在是钢对钢、硬碰硬。

对于子玉来说,唯一的得分点,就在于楚、晋中军决战,可惜先轸并不想和他死磕,晋军打的是阻击,采取拖延战术,只要给包围楚左军的晋军争取歼灭的时间即可。

果然,楚右军溃败。

再拖下去,晋国上、下两军就会腾出手来,楚中军将面临三打一的局面,子玉率领若敖六卒撤出了战场。晋国大获全胜,宣告城濮会战结束。

继泓水之战后,城濮会战又将中国古代军事思想往前推进了一大步,走上了践行"兵者诡道也"的用兵之道,在战场上首先抛弃了仁将礼兵的西周传统,从此东方大地上,两军相遇,实则虚之,虚则实之,千变万化,杀机四伏,计谋层出。

7.践土会盟

楚国败于城濮,经营了几十年的中原霸权,几乎在一夜间丧失殆尽,这次轮到楚成王发怒了,《史记·楚世家》载:"成王怒,诛子玉。"

可怜的楚令尹子玉,一生侍楚,别无二心,只因爱逞能、专好强,好命不长。臣子的脑袋永远都是献给君王的投名状,臣子在君王跟前逞强,那等于自杀。

晋文公一战封神,首先服软的是郑国。自从齐桓公驾鹤西游之后,郑国一直跟着楚国混,特别是这场中原混战,郑文公力挺楚国、带兵助战,《左传》录:"郑伯如楚致其师,为楚师既败而惧。"齐桓公时代,郑国游离在齐、楚之间;齐桓公末年,郑国游离在晋、楚之间;再往后的晋文公末年,郑国游离在秦、晋、楚三者之间。还是那句话,做一个大哥的小弟容易,做两个大哥的小弟很难,要做三个大哥的小弟,难上加难,怪就要怪当年的伯阳甫,给桓公寄孥抬手圈了这么一个四战之地。

当下的老大是晋文公,晋文公流浪期间途经郑国,受到了郑文公的冷遇,再加上郑国是楚国的跟班,要想转到晋文阵营，没有非常之举，非但不能成功，还会招来亡国之灾。因此，郑文公调转笑脸，积极表现，争取晋文公宽大处理。

郑国主动寻盟，争取在第一时间和晋国建立了衡雍之盟。衡雍之盟后，著名的践土会盟也在郑国的土地上举办。

也几乎在一夜之间，晋文公迎来了人生的高光时刻，四月城濮大捷，五月就在郑国地盘上发起了践土会盟。践土，春秋郑地，现在的河南原阳县境内。在践土的不远处，有一名叫衡雍的郑地，提前被晋文公征用，给周襄王建造了一处临时行宫。之所以邀请周襄王，不是莅临指导工作，而是为了让周天子为会盟背书。

说难听一点，周天子也是来会盟的。

《春秋》载："五月癸丑，公会晋侯、齐侯、宋公、蔡侯、郑伯、卫子、莒子，盟于践土。"

这份名单里没有曹国，因为曹国现在还处于晋国的殖民状态，没有资格会盟。

践土会盟这场戏，其他列强都是配角，只有周襄王和晋文公是主角。首先，晋文公向周襄王上演了一场献俘于王的大戏：甲车一百辆，战俘一千名。《左传》中强调是"驷介百乘，徒兵千"，说明这次来得比较实在，人是活的，车配驷马，名为献俘，实为行贿，不像楚成王献馘郑文公，献的是俘虏的左耳，纯属炫耀。

周天子已经多年不曾享受过这种待遇了，从感动到激动，派出三位钦差莅临会盟现场，当众宣布：晋文公为诸侯之伯。伯即霸也，周天子亲自册封的东周王朝的二号人物，为了保存周天子的脸面，谦称为伯，实为真正的老大。正如司马迁所说"政由五伯"，周天子只是摆设。但是，周襄王这个摆设不能少，因为晋盟主需要这个摆设来撑场面。

这次周襄王带来了七锡之礼。天子表彰诸侯，礼分九锡：一曰车马，二曰衣服，三曰乐器，四曰朱户，五曰纳陛，六曰虎贲，七曰斧钺，八曰弓矢，九曰秬鬯（jùchàng）。

《左传》录："赐之大辂之服，戎辂之服，彤弓一，彤矢百，旅弓矢千，秬鬯一卣，虎贲三百人。"

细数了一下周襄王的表彰，包含车马、衣服、弓矢、虎贲、秬鬯五锡。这里秬鬯之意令人头痛，可以理解为中华神酒，不但酒香，还要天子御赐，祭祀专用，酒气通神。虽然赏赐五锡，但要理解为七锡之礼，一般来说，天子赏赐，不可能照单全收，赏七退二，回馈王恩，这是约定俗成的老规矩，因此，晋文公感恩言谢的是周襄王的七锡之礼。

七锡之礼是春秋战国期间，周天子赏赐的绝无仅有的一次登峰造极之礼，赏赐级别完全超过了二十年前的葵丘之盟，晋文公也成为继齐桓公之后的第二位春秋霸主。纵观春秋时期各位候选霸主，只有晋文公是一夜之间乌鸦变凤凰，四十年公子生涯，二十年漂泊流离当浪子，短短五年治晋当霸主，纯属弯道超车。

只可惜人生有限，晋文公在位只有九年，临终之前，念念不忘郑国。郑国作为中原枢纽、四战之国，对外政策墙头探风，楚来归楚，晋来降晋，但又既不附楚，又不拥晋。但是，谁一旦拿下郑国，谁就坐享中原。晋文公也处心积虑，多年培养了手中一张赌牌——郑公子兰，也就是以后的郑穆公。

公子兰原本就没有入围国君接班人的资格，甚至连出生的资格都是母亲燕姞套路郑文公得来的。郑文公夫人众多，燕姞难得得宠受孕，于是套路郑文公：贱妾昨晚梦见神仙，赠妾兰花一支，并嘱咐见兰如见子。于是，半信半疑的郑文公把当晚的春宵夜榻给了燕姞，燕姞果然生下一子。由于这段浪漫怀孕曲，这位公子美名公子兰，再后来成为一国之主，故有"兰花香，盖一国"的说法。

公子兰虽然名香似兰，但却命贱如草，因为太子早已选定，就是当年在葵丘会盟上投奔齐桓公的太子华。可偏偏太子华不争气，妄想杀父篡位，又密谋失败丢了小命。好事还是没有轮到公子兰，相反大难临头，郑文公看着公子们个个不顺眼、都像篡位贼，公子兰这才逃到了晋国。

晋文公看上了公子兰，基本上当作干儿子来养，不是因为兰名香，而是放长线、钓大鱼。可以试想一下，这个干儿子要是上位郑国国君,郑国以后肯定跟着晋国混世界。

于是晋文公七年,联合秦国修理郑国,目的在于威逼郑国接受公子兰回国当太子,理由冠冕堂皇:当年郑文公不礼晋文公。其实这都是猴年马月的事,大家结盟都已经结了好几个来回,这件事早就翻篇了。

郑国差点被灭国,只能接受公子兰,但是也给郑国种下了一棵毒草。郑国成功离间了秦国和晋国,秦晋生隙,直到晋文公死后发酵,终于爆发了秦晋崤之战,秦晋之好画上句号。

公元前628年,晋文公重耳驾鹤西去,老丈杆子秦穆公接手了霸主大旗。

这一年还发生了一件小事,郑文公去世,在位45年,超越了在位43年的祖父郑庄公,成为郑国历史上在位时间最长的君主。